TEXTOS ESCOLHIDOS

**A tragédia
do rei
Christophe**

**Discurso
sobre o
colonialismo**

**Discurso
sobre
a negritude**

Aimé Césaire

TEXTOS ESCOLHIDOS

A tragédia do rei Christophe

Discurso sobre o colonialismo

Discurso sobre a negritude

Tradução Sebastião Nascimento

Cobogó

Sumário

Apresentação,   9
por Mickaella Perina

A tragédia do rei Christophe   21

Discurso sobre o colonialismo   159

Discurso sobre a negritude   211

Apresentação

Referência obrigatória na história da luta contra o colonialismo, pai da Negritude[1] e voz proeminente da poesia de língua francesa, Aimé Césaire criou uma obra rica e exigente, influenciada pela experiência vivida da colonização e pela necessidade de ultrapassá-la. O *Discurso sobre o colonialismo*, o *Discurso sobre a negritude* e *A tragédia do rei Cristophe* oferecem ao leitor uma visão única dos ensaios e do teatro do escritor prolífico, poeta, ensaísta, dramaturgo e político nascido na Martinica em junho de 1913, e falecido em abril de 2008. Os três textos também oferecem chaves que permitirão ao leitor compreender com mais facilidade outros textos da obra de Césaire. Mais de treze anos após a morte do autor, e mais de cinquenta anos após sua primeira publicação, estes textos que marcaram uma época e continuam a influenciar os debates acerca da descolonização e das identidades pós-coloniais são finalmente reunidos e publicados em português.

---

1. Movimento que surgiu em Paris nos anos 1930 sob influência das irmãs Paulette e Jeanne Nardal, de Suzanne e Aimé Césaire, Léon-Gontran Damas, Léopold Sédar Senghor e, mais tarde, de Alioune Diop, com o objetivo de reabilitar as civilizações negro-africanas.

Discurso sobre o colonialismo

No início dos anos 1950, no contexto do pós-guerra, enquanto o processo de descolonização estava em curso no continente africano, Césaire redige o que descreverá mais tarde como "um relato de circunstância e de controle",[2] "feito como um panfleto e um pouco como um artigo de provocação".[3] Publicado na revista *Réclame* em 1950, o *Discurso* passa relativamente despercebido, mas em 1955 é publicado pela editora Présence Africaine e obtém então uma real repercussão. Trata-se de uma forte denúncia do colonialismo e da civilização ocidental, mas também de um retrato do colonialismo e do racismo como elementos essenciais do capitalismo e da modernidade. O *Discurso* é hoje amplamente reconhecido como um dos textos fundadores da resistência intelectual e da política anticolonial, e é também um texto-chave do discurso pós-colonial entendido como análise crítica da colonização e de suas consequências para as sociedades pós-coloniais. São duas leituras que, para além de suas diferenças, comprovam a suma importância de um texto que soube romper com as orientações dominantes de seu tempo.

No *Discurso*, Césaire enfatiza as contradições entre os valores morais professados pela Europa e os atos dos europeus ao longo de toda a história para mostrar que a noção de civilização europeia não passava de um pretexto para a exploração, por parte da Europa, de recursos e mão de obra não europeus. Ele descreve as consequências desastrosas da "selvageria civilizada da Europa"

---

2. Citado por G. Ngal em *Aimé Césaire, Un Homme à la Recherche d'une Patrie* [Um homem em busca de pátria], Paris, Présence Africaine, 1994, p. 238.
3. *Ibid.*

nas vidas e no bem-estar das populações não europeias do mundo inteiro, assim como na cultura moral da própria Europa. A civilização ocidental "tal como a moldaram dois séculos de regime burguês" é, para Césaire, uma civilização "decadente", incapaz de solucionar o "problema do proletariado" ou o "problema colonial". A seu ver, a Europa é "moral e espiritualmente indefensável". Ele considera, na realidade, que as elites europeias no poder se corromperam moralmente ao inventar mentiras para justificar a violência e a brutalidade das políticas coloniais, fechando os olhos para a humanidade dos não europeus. Define a colonização como *coisificação*, pois ela fez dos povos não europeus e não brancos objetos desumanos aos olhos dos colonizadores que, em troca, perderam sua própria humanidade cometendo atrocidades e justificando-as. Assim, a colonização confiscou terras, arrasou culturas, assassinou religiões e destruiu as "grandezas artísticas".

Discurso é uma dura crítica ao colonialismo tal qual foi praticado até meados do século XX, mas será ainda atual neste início de século XXI, em que as colônias que Césaire analisava tornaram-se estados independentes? É inevitável constatar que o texto conserva toda sua força e relevância no momento da globalização. Diante dos múltiplos atos de pilhagem, exploração, racismo e desumanização do mundo contemporâneo, a leitura ou releitura do *Discurso* parece, de fato, particularmente apropriada. Podemos mesmo fingir que a exploração abusiva das antigas colônias deixou de existir? Embora os atores e as formas de exploração tenham mudado, a grade de leitura que Césaire oferece no *Discurso* permanece absolutamente pertinente. Césaire condena "financistas e capitães de indústria totalmente desprovidos de escrúpulos" no comando da Europa que, a seu ver, determinaram a natureza do contato com a África e da exploração das colônias africanas em detrimento dos povos e das culturas desses países. Ao reler Césaire, é impossível não pensar na capacidade que as multinacionais possuem atualmente de criar e explorar a vulnerabilidade de certos grupos, aproveitando-se das disparidades entre estados do Norte e do Sul. Césaire também destaca a responsabilidade de jornalistas e universitários diante da produção ou da propagação de mentiras que justificam a colonização. Sem dúvida, seria útil examinar essa mesma responsabilidade nos dias de hoje, diante das inverdades e outras dissimulações que servem para criar e explorar grupos vulneráveis em diversas regiões do planeta, ou para alimentar o racismo e a xenofobia. Por fim, no trecho final do *Discurso*, Césaire nos alerta a respeito do perigo de se considerar "a América" como possível libertadora, salientando o quanto a dominação econômica e o capitalismo podem perpetuar certos males da colonização e clamando por uma revolução que "enquanto almeja uma sociedade sem classes, substituirá a estreita tirania de uma burguesia desumanizada pela preponderância da única classe ainda investida de uma missão universal, pois sofre na carne todos os males da história, todos os males universais: o proletariado". Mais de sessenta anos após seu lançamento, *Discurso* ainda mantém seu caráter radical e revolucionário, apresentando propostas únicas para exprimir e analisar as experiências dos grupos oprimidos e marginalizados, as mesmas que os grupos dominantes tendem a ignorar ou rejeitar.

Discurso sobre a negritude

Diferentemente do *Discurso sobre o colonialismo*, o *Discurso sobre a negritude* foi concebido para ser lido e apresentado na universidade internacional da Flórida no dia 25 de fevereiro de 1987, como parte da primeira conferência hemisférica dos povos negros da diáspora, que tinha como título Negritude, Etnicidade e Culturas Afro nas Américas. A palestra corresponde à introdução da primeira sessão, intitulada "Dimensões históricas, filosóficas e culturais da negritude", na qual também intervêm Édouard Maunick, Rex Nettleford, Richard Long, Justo Arroyo, Quince Duncan, Antonio Preciado e Max Beauvoir. Convidado, assim como Léopold Senghor, a falar sobre a Negritude, Césaire redefine o conceito, incialmente desenvolvido nos anos 1930 em Paris.

... a negritude não é fundamentalmente de ordem biológica. É evidente que, muito além do biológico imediato, refere-se a algo mais profundo, mais precisamente a uma soma de experiências vividas que acabaram por definir e caracterizar uma das formas do destino humano tal como a história o moldou: é uma das formas históricas da condição imposta ao ser humano.

Césaire insiste no "denominador comum", que reúne para além de suas diferenças aqueles que participam da conferência, em outras palavras, a "soma de experiências vividas": experiências de violência, opressão e marginalização. O "denominador comum" que, no *Discurso sobre o colonialismo* ou no Discurso do Primeiro Congresso Internacional de Escritores e Artistas Negros, em 1956, na Sorbonne, se definia como "a situação colonial", transforma-se, em Miami, na "soma de experiências vividas". A Negritude não é uma filosofia ou uma metafísica, mas uma "maneira de viver a história na história", o que significa que a Negritude também responde à questão da ação no presente. Césaire a caracteriza como tomada de consciência da diferença, assim como memória, fidelidade e solidariedade. É explosão de dignidade, recusa da opressão e combate à desigualdade. Em uma palavra, diz ele, ela é "revolta"; foi uma revolta contra o reducionismo europeu e foi uma reativação do passado, mas essa fidelidade ao passado não deve ser confundida com uma atitude saudosista, pois convida à sua própria superação, à possibilidade de um devir.

Césaire chama a atenção para a diversidade das experiências que formam essa tomada de consciência e solidariedade. Lembra que, ao virar a página da colonização, a África contribuiu para "inaugurar uma nova era para a humanidade inteira", e observa o caráter extraordinário da experiência americana marcada por um "colonialismo interior" e por uma "revolução silenciosa". Ele insiste na importância das contribuições afro-americanas, citando diversos membros do renascimento do Harlem e chegando ao ponto de dizer que "foi aqui nos Estados Unidos [...] que nasceu a negritude". Consciente do passado e voltado para o futuro, ele lembra o que foi a Negritude: a busca por identidade, a afirmação do direito à diferença, o respeito da personalidade comunitária, e afirma o que deve nos preocupar: a "recrudescência do racismo no mundo inteiro". Mais uma vez, a atualidade do texto se impõe para o leitor atento.

A tragédia do rei Christophe

No início dos anos 1960, Césaire se volta para o teatro, considerado por ele um meio propício para avançar o projeto político da Negritude. Césaire vê sua própria obra teatral como uma crítica que não deixa de ser construtiva; um teatro que transforma o espectador passivo, o possível consumidor, em criador capaz de provocar mudanças sociais, um teatro que pode contribuir para o desenvolvimento de uma cultura anticolonial. É importante assinalar, no entanto, que ele já havia publicado um longo poema dramático intitulado *Et les chiens se taisaient* [E os cães se calavam] em 1946, na coleção de poemas *Les armes miraculeuses* [As armas milagrosas], levando a quatro o número de suas obras teatrais. A peça contida neste volume —*A tragédia do rei Christophe*, publicada pela primeira vez em 1963 — pertence ao que Césaire nomeia seu "tríptico político", que inclui também *Une saison au Congo* [Uma temporada no Congo] e *Une Tempête, d'après 'La Tempête' de William Shakespeare: Adaptation pour un théâtre nègre* [Uma tempestade, baseado n'*A Tempestade* de William Shakespeare: Uma adaptação para um teatro negro]. Numa entrevista concedida ao jornal *Le Monde* em 1967, Césaire descreve seu projeto: "Concebi a obra que estou criando atualmente como um tríptico. É como o drama dos negros no mundo moderno. Duas partes do tríptico já existem: o Rei Christophe [é] o painel das Antilhas, *Une saison au Congo* é o painel africano, e o terceiro deverá ser, normalmente, o dos negros americanos, cujo despertar é o acontecimento deste meio século."

A tragédia do rei Christophe informa sobre a realidade histórica do Haiti no início do século XIX e analisa as noções de dominação colonial, nação pós-colonial, liderança e identidade através da situação histórica do Haiti ao cabo da colonização francesa. A peça ilustra as contradições enfrentadas pelo líder, Christophe, no seu desejo de mudar o curso da história. Césaire explora os erros e as confusões de Christophe, mostrando-o a um só tempo movido por um desejo de afirmar a liberdade da primeira nação negra pós-colonial e capaz de imitar o opressor branco colonizador. Portanto, o engajamento de Christophe na libertação dos antigos escravos e seu desejo de reabilitar sua verdadeira identidade, negada pelo sistema escravagista, aparecem claramente no início da peça. Cristophe afirma querer substituir os "nomes de escravos" por "nomes de glória". Mas o otimismo do início desaparece aos poucos e dá lugar a um Christophe que se vê profundamente implicado em uma lógica e retórica de escravidão; no seu desejo de construir uma cidadela para simbolizar a liberdade conquistada pelo Haiti, Christophe impõe exigências aos trabalhadores que lembram a escravidão. Césaire investiga a identidade negra na sua relação com a ordem colonial francesa, dando palco aos esforços dos africanos escravizados na América e de seus descendentes para resistir à dominação colonial. No entanto, além de personagens históricos, estes são também testemunhas da história. O Christophe personagem de Césaire não é o rei Christophe que encontramos nos livros de história. A peça pode servir de exemplo, de certa forma, para compreender a concepção da Negritude como forma de "viver a história na história", expressa nesses termos catorze anos mais tarde no *Discurso sobre a negritude*. É uma maneira de viver a história e é uma experiência vivida, do tráfico de escravos e da escravidão, da revolução haitiana, das "memórias de crenças distantes, seus escombros de culturas assassinadas", dentro da história, inclusive a das outras revoluções. Como diz muito bem René Depestre, em *Le Métier à Métisser* [O ofício de mestiçar], no capítulo "L'Éblouissant Effet Césaire" [O deslumbrante efeito Césaire], "Através da metáfora elisabetana inspirada pelo destino dos haitianos, é a tragédia geral das revoluções do século que Césaire analisa de forma magistral". De fato, Césaire demonstrou que a descolonização não deve ser concebida como uma trajetória linear e irreversível; podemos considerar que, com *A tragédia do rei Christophe*, Césaire alertava os chefes dos movimentos de libertação e os líderes de revoluções nas antigas colônias. Seu grito de alerta permanece atual, e não apenas para as antigos colônias.

O teatro de Césaire é inspirado na luta pela descolonização, e reconhecemos nele oposições e contraposições dialéticas entre o negativo e o positivo, a colonização e a descolonização, a colônia e o império, a natureza e a cultura, ou ainda, o centro e a periferia. Suas peças são consideradas muitas vezes, e corretamente, como formas de contestação e de transgressão em relação ao colonialismo que rejeitam. Mas vão também além da simples oposição e permitem que contemplemos os opostos de maneira não simétrica e não dialética. Permitem que concebamos uma forma de estar no mundo e de viver a história dentro da história que inclui multiplicidade, pluralidade e contingência.

Os textos de Césaire têm uma relevância particularmente forte no contexto mundial contemporâneo, em que as hierarquias sociais herdadas de períodos anteriores persistem, enquanto outras desigualdades sociais criadas pelo neoliberalismo e capitalismo global aumentam entre o Norte e o Sul e dentro das próprias nações do Sul e do Norte, sem contar a mudança climática e os riscos a ela associados. De fato, os novos apelos à descolonização, sobretudo em termos de descolonização dos saberes, e à denúncia de formas predatórias de extração dos recursos naturais se multiplicam. É certo que estes apelos não têm por consequência a construção de nações, como no meio do século XX, mas o novo programa inclui uma crítica do capitalismo e da produção de saberes eurocêntricos e imperiais, além de um esforço para inventar uma alternativa que lembram a postura de Césaire. A leitura de um texto traduzido é sempre a leitura de uma leitura;

as traduções de Sebastião Nascimento tornam estes textos acessíveis ao leitor de língua portuguesa propondo uma leitura e, assim fazendo, abrem as portas a novas análises, novas interpretações e novos questionamentos.

MICKAELLA PERINA

Mickaella Perina é professora associada do departamento de Filosofia Política e Filosofia do Direito da Universidade de Massachusetts, em Boston. É autora de inúmeros artigos e de *Citoyenneté et Sujétion aux Antilles Francophones* [Cidadania e sujeição nas Antilhas francófonas] (L'Harmattan, 1997).

A tragédia do rei Christophe

Nota da Tradução

A linguagem profusamente imagética de Césaire abarca referências que se espraiam pelos três continentes que margeiam o Atlântico e por boa parte das ilhas que o pontuam. Em vista do imperativo de preservar a fluidez cênica do texto, optou-se por utilizar no texto a tradução mais próxima do leitor brasileiro e arrolar nas notas as referências adicionais e as variantes de grafia. Sobretudo os termos oriundos do *kreyòl ayisyen* seguem, sempre que possível, a transcrição correspondente à grafia contemporânea. O texto original adota a transcrição fonética pautada pela ortografia francesa, corrente na época em que a peça foi escrita, anterior à padronização ortográfica estipulada pelo Institut Pédagogique National em 1979.

PERSONAGENS

Por ordem de entrada em cena:

PÉTION, *presidente da República*
CHRISTOPHE, *ex-escravo, ex-cozinheiro, ex-general, rei do Haiti*
HUGONIN, *misto de parasita, bufão e agente político*
VASTEY, *barão, secretário de Christophe*
O MESTRE DE CERIMÔNIAS
MAGNY, *duque de Plaisance, general*
CORNEILLE BRELLE, *duque de l'Anse, primeiro arcebispo do Cabo Haitiano*
O PRESIDENTE DO CONSELHO DE ESTADO
O ARAUTO REAL[1]
METELLUS, *líder dos rebeldes*
O LÍDER DA OPOSIÇÃO
DEPUTADOS
CHANLATTE, *poeta oficial*
PRÉZEAU, *confidente e braço direito de Christophe*
MADAME CHRISTOPHE, *ex-criada de hospedaria, rainha*
MARTIAL BESSE, *engenheiro*
APRENDIZ DE BALSEIRO
CAPITÃO BALSEIRO
O DAOMÉ REAL[2]

---

1. N. da T. O posto de Arauto Real era também chamado de Rei de Armas.
2. N. da T. Alternativamente chamado de *Royal Dahomey* ou *Royal Dahomet*. Corpo policial militarizado formado por tropas africanas trazidas do

ISABELLE
RICHARD, *conde de la Bande du Nord*
FRANCO DE MÉDINA, *agente do rei francês Luís XVIII*
CONSELHO DE ESTADO
TROU BONBON, *conde*
GUERRIER, *duque de l'Avancé, general*
JUAN DE DIOS GONZALES, *pároco, depois arcebispo do Cabo, após a morte de Corneille Brelle*
INTENDENTE, *inglês, médico do rei*
PAJEM AFRICANO
BOYER, *general do exército de Pétion*

Apresentador, coro, cidadãos, camponeses, camponesas, trabalhadores, soldados e oficiais, carregadores, cortesãs, damas da corte, ecos, tambores distantes

A tragédia do rei Christophe foi encenada por Jean-Marie Serreau no festival de Salzburgo, em 4 de agosto de 1964, e, no ano seguinte, na França, no Odéon, graças ao apoio de uma "Associação dos Amigos do rei Christophe", congregando, entre outros, Michel Leiris, Pablo Picasso, Alberto Giacometti, Gaëtan Picon, Alejo Carpentier e Alioune Diop. O sucesso da peça foi maior a cada encenação, em Berlim, em Bruxelas, na Bienal de Veneza, nas *Maisons de la Culture* na França, no Festival das Artes Negras, em Dakar, na Exposição Internacional de Montreal, na Iugoslávia e no *Piccolo Teatro* de Milão.

Daomé (atual Benin). Representavam um dos principais mecanismos de projeção da autoridade real no interior do reino, atuando na imposição e manutenção da ordem nas regiões rurais e montanhosas. Tinham fama de incorruptíveis e extremamente leais à Coroa.

PRÓLOGO

Um círculo de estacas demarcando uma arena. É uma rinha (local em que ocorrem as brigas de galo, a principal diversão popular do Haiti).

Turba negra. Trajes azuis campesinos. Atmosfera animada e abafadiça.

UMA VOZ ARREBATADA:
Vai, Christophe! Vai!

OUTRA VOZ IGUALMENTE ARREBATADA:
Aguente firme, Pétion! Aguente firme!

TERCEIRA VOZ:
Isso não é normal. Não, não é normal! Quem é que me garante que não o lambuzaram com gordura de cobra ou de malfini?[3]

VOZ ARREBATADA:
Ataque, Christophe! Ataque!

VOZ SUPLICANTE:
Estrangule-o, Pétion!

Choque de esporões e plumas voando pelos ares em meio a um silêncio angustiante. As aves combatem com ferocidade.

---

3. N. da T. *Buteo platypteros*, ave de rapina da ordem das ciconiiformes, de presença comum no Caribe, especialmente na Martinica, terra natal de Césaire. Alimenta-se de pássaros menores e é famosa por predar galos e galinhas, o que justifica o nome popular que recebeu em *kreyòl matinik*, a variante martinicana do crioulo: *Mangé poulé* (papa-frango).

VOZ CLAMOROSA:
[*rasgando o silêncio*] Ab-rogado! Ab-rogado! Ab-rogado![4]

UMA VOZ BEM CALMA:
Careador, levante o Pétion.

O careador-incitador e administrador do jogo acaricia o galo.

A VOZ:
Ab-rogado não é morto!

VOZES DE TORCEDORES:
Deem a ele caldo de cana para reerguê-lo.

SEGUNDA VOZ:
Insuflem ar nele! É ar que lhe está faltando!

VOZ MALICIOSA:
Ora, vamos, Pétion é um frangote de galinheiro.[5]

VOZ ACINTOSA:
Não, meu caro, um galeto de bico doce! Façam-no cozido com gengibre.

A TURBA:
Aprumem-no, aprumem-no![6]

---

4. Do espanhol *abrogado*: suprimido, revogado, expressão utilizada para se referir a um galo posto fora de combate.
5. *Poulet savane:* expressão utilizada para se referir a frangos comuns, sem aptidão para o combate.
6. Aprumar o galo significa colocá-lo em posição de combate.

O combate se reinicia com toda a fúria.

VOZES DA MULTIDÃO:
Vai, Pétion! Vai, Pétion!

VOZES DA MULTIDÃO:
Christophe! Christophe!

VOZ:
Espetacular! Mais forte que o Tambor-Mor e o Bica-Olho!

VOZ:
Mãe do céu! Que pitada de sal!

Um dos galos cai morto. O êxtase atinge seu auge.

A TURBA:
Hurra! Hurra!

O APRESENTADOR-COMENTARISTA:
Depois desse combate penado, tratemos de recuperar o fôlego e dizer as coisas com clareza. Sim, já há algum tempo, isso está na moda neste país.
    Antigamente, os galos se chamavam Tambor-Mor e Bica--Olho,[7] ou, se preferirem, Tambor-Mestre e Fura-Olho. Hoje em dia, eles recebem nomes políticos. Christophe para cá. Pétion para lá. No início, eu não gostava disso... Mas ao pensar melhor no assunto... Meu Deus! Essa moda não é nem um pouco mais

---

7. N. da T. Em *kreyòl* no original, *Becqueté-Zié*.

absurda que qualquer outra. Um rei... um presidente da República, isso acaba dando em briga... E, se dá em briga, são bons nomes para galos-de-briga... Mas, dirão vocês, se, para os galos, as coisas são simples, para os homens, elas são bem mais complicadas. Mas nem tanto. O essencial é compreender a situação e conhecer os personagens que deram nome aos galos. Quem é Christophe? Quem é Pétion? O meu papel aqui se resume a lhes contar isto:

Na ilha de Haiti,[8] outrora uma colônia francesa conhecida como Saint-Domingue, viveu, no início do século XIX, um general negro. Seu nome era Christophe, Henri Christophe. Henri, com *i*.

Ah, mas ele não começou de general. Foi escravo, mais especificamente escravo cozinheiro. (Era um daqueles que eram chamados em Saint-Domingue de "negros de talento", quer dizer, uma espécie de trabalhador especializado.) Cozinheiro, digo, foi seu trabalho na Pousada da Coroa (Atentem para esse sinal, nitidamente marcado no limiar do mais puro acaso). Na *Pousada da Coroa*, na cidade de Cabo Haitiano, chamada na época de Cabo Francês.

Foi justamente contra os franceses que ele teve um papel de destaque na luta pela libertação de seu país, sob o comando de Toussaint Louverture. Conquistada a independência e nascido o Haiti das cinzas ainda fumegantes de Saint-Domingue, uma república negra fundada sobre as ruínas da mais bela das colô-

---

8. N. da T. A ilha que abriga Haiti e República Dominicana era chamada de *Kiskeya* (Mãe de Todas as Terras) pelo povo Taíno, seus habitantes originais. Devido ao domínio colonial espanhol e francês sobre a ilha, foi chamada ao longo de diferentes períodos históricos de *Haiti, Hayti, Saint-Domingue, San Domingo* e *Santo Domingo*. Mais recentemente, o termo *Hispaniola* passou a ser reconhecido como topônimo de toda a ilha.

nias brancas, Christophe naturalmente se tornou um dos dignitários do novo Estado. Ei-lo, pois, em toda a sua glória, o general Christophe, o tão temido e respeitado comandante da província do Norte, um Pai da Pátria, como se costuma chamar, no Caribe, esse tipo de personagem. Tanto que, ao morrer o primeiro chefe do Estado haitiano, Dessalines — Dessalines, o "fundador" —, todos os olhares se voltaram para Christophe — Christophe, o epígono. Foi nomeado presidente da República. Mas eu disse que se tratava de um cozinheiro, ou seja, um político habilidoso. E, em sua qualidade de cozinheiro, considerou que faltava um pouco de tempero ao prato; que a magistratura que lhe fora oferecida era uma carne insossa demais.

Abandonando, pois, a cidade de Porto Príncipe aos mulatos e a seu chefe, Pétion, ele se instalou na província do Norte. Dali em diante, passariam a coexistir no Haiti, de forma não muito pacífica, dois Estados: a República no sul, tendo Pétion por presidente, e, no norte, um Reino.

Vocês verão Christophe e Pétion, dois mestres-cucos, dois donos da bodega, como se diria nas ilhas.[9]

---

[9]. N. da T. Ambas as expressões utilizadas — *maître-coq* e *maître-caloge* — aludem ao cioso controle exercido sobre seu entorno e à hostilidade contra os adversários. Na primeira delas, o original francês para mestre-cuca faz um trocadilho com *coq*, o galo agressivo e hostil da alegoria da rinha de briga, sentido que, de certo modo, também se preserva na variante portuguesa masculina mestre-cuco, por conta do comportamento invasivo do pássaro. Atribuída pelo autor ao uso corrente nas variantes caribenhas do francês, a segunda expressão remete a uma habitação humilde, típica de áreas costeiras, convertida em precário estabelecimento comercial para vender bebidas e quinquilharias aos pescadores, uma espécie de choça ou choupana. Existe na língua portuguesa um vocábulo com etimologia aproximada, *caloji*, utilizado sobretudo em variantes regionais do nordeste brasileiro. No entanto, devido à limitação do alcance desse regionalismo, optou-se por traduzi-la como dono da bodega.

Sim, Christophe foi rei.

Rei como Luís XIII, Luís XIV, Luís XV e tantos outros. E, como todo rei, todo rei de verdade, quer dizer, todo rei branco, ele criou uma corte e se cercou de uma nobreza.

Mas preciso me conter para não falar demais.

A cada um o que lhe cabe. Apresento-lhes Henry I, Henry com *y*. E, de minha parte, eu me calo! Com vocês, o Haiti!

Ao longe: gritos de rinha. É a voz do Haiti:

Vai, Christophe! Vai, Christophe!

A cortina se ergue para a tragédia do rei Christophe.

PRIMEIRO ATO

Todo este primeiro ato é em estilo bufo e paródico, em meio ao qual o grave e o trágico vêm bruscamente à tona em meros lampejos.

Cena 1

PÉTION:
Em sua qualidade de antigo companheiro de Toussaint Louverture, em sua qualidade de mais antigo divisionário do exército, o Senado lhe confia, por voto unânime, a Presidência da República.

CHRISTOPHE:
A lei é uma formalidade. Cabe a mim, de fato, essa posição. Mas aquilo que a lei fundamental da República me concede, uma lei votada em condições de duvidosa legalidade também pode tomar de volta.

O Senado me nomeia presidente da República porque seria perigoso me esfregar a contrapelo, mas a função, ele a esvazia de toda a sua substância e priva minha autoridade de seu tutano. Sim, sim, meus mestres, sei bem que, em sua Constituição, Christophe não seria mais do que o títere gorducho de madeira preta, o autômato bonachão,[10] ocupado em fazer soar, com seu espadim irrisório e para o deleite das multidões, as horas de vossa lei no relógio de sua própria impotência!

---

10. N. da T. No original, *jacquemart*, o nome dado ao boneco articulado que bate as horas nos sinos de relógios monumentais.

PÉTION:
Vossa Excelência comete uma injustiça com o Senado! Se formos inspecionar o leite fresco de muito perto, acabamos por descobrir pelos pretos ali no meio! A magistratura que nós lhe oferecemos se reveste de lustre e importância. É a mais alta da República. Quanto às emendas que o Senado considerou que deveria fazer à Constituição, não negarei que reduzem os poderes do presidente, mas não lhe terá passado despercebido que, para um povo que suportou Dessalines, o perigo mais aterrador tem um nome: tirania. E, na verdade, teria sido imperdoável se o Senado não tomasse as medidas de salvaguarda necessárias contra a ameaça que sempre paira sobre nossas cabeças!

CHRISTOPHE:
Eu não sou mulato para ficar peneirando as palavras. Sou soldado, um velho preceptor e lhe digo claramente: a emenda feita à Constituição pelo Senado representa uma afronta contra mim, contra a minha pessoa; uma medida à qual minha dignidade não me permite acatar.
    Com mil trovões! Um poder sem casca e sem miolo, um retalho, uma migalha de poder, eis o que você me oferece, Pétion, em nome da República!

PÉTION:
Lamento não me fazer compreender. Falei de *princípios* e você insiste em falar de sua própria pessoa. Mas é preciso concluir! É essa a resposta que devo levar ao Senado?

CHRISTOPHE:
Como Pétion ficaria feliz em me levar ao pé da letra!

PÉTION:
E por que diz isso?

CHRISTOPHE:
Porque Pétion é inteligente, muito inteligente e não pode evitar pensar que, se Christophe recusar o poder, é a Pétion que ele será oferecido!

PÉTION:
Por que diabos eu aceitaria algo que você desdenha? Aquilo que seus dentes carcomidos rejeitam feito menino birrento e azedo, por que minha boca apreciaria como se fosse um fruto doce?

CHRISTOPHE:
É que Pétion é inteligente. Muito inteligente! Assim que o mulato Pétion aceitasse o poder oco que vocês agora me oferecem, o milagre se produzirá. Nossos queridos amigos do Senado, os mulatos de Porto Príncipe se dedicarão maravilhosamente a fazer o papel de fadas-madrinhas, com um amplo condão a abarrotar sua cesta de dádivas. Tome, Pétion, tome tudo! Você verá, será um maravilhoso prato de esmolas!

PÉTION:
De modo que...

CHRISTOPHE:
De modo que a emenda à Constituição não é outra coisa senão uma forma grosseira de me afastar do poder sob o pretexto de o confiar a mim!

PÉTION:
E você se deixaria afastar?

CHRISTOPHE:
Que se danem os trovões! Deixar-me afastar? Claro que não, Pétion! Se você ensina um macaco a atirar pedras, não tarda para

que o aluno apanhe uma pedra e lhe rache a cabeça! Diga isso ao Senado de minha parte. Eles compreenderão.

PÉTION:
O Senado compreenderá que está diante de um mero general rebelde!

CHRISTOPHE:
Ademais, nada disso tem a mínima importância! Se você quer uma resposta oficial, uma resposta altiva, como adoram os nossos Sólons e os nossos Licurgos de Porto Príncipe, diga-lhes que lamento que, em razão do espírito de animosidade contra minha pessoa, não tenham sido capazes de compreender que, na circunstância atual e em meio a nossas tribulações, a maior necessidade deste país, deste povo que precisamos proteger, corrigir e educar, é...

PÉTION:
A liberdade.

CHRISTOPHE:
A liberdade, sem dúvida, mas não a liberdade fácil! É ter um Estado. Sim, senhor filósofo, alguma coisa em razão da qual esse povo de deslocados se enraíze, germine e desabroche, lançando sobre a face da Terra os aromas e os frutos de seu florescimento; e, por que não dizer, alguma coisa que o obrigue, se necessário pela força, a nascer de si mesmo e a se superar a si mesmo. É essa a mensagem, algo extensa, sem dúvida, que encarrego meu prestimoso amigo de transmitir a nossos nobres amigos de Porto Príncipe. [*tom ameaçador, contrastando com a descontração anterior*] Para tudo o mais [*saca a espada, brandindo-a*], minha espada e minha lei!

Cena 2

Cabo Haitiano. Praça pública — Vista da baía. Barcos no horizonte. Fervilhamento de negras espalhando no chão seus legumes, aves, açúcar, sal. Caldeirões cobertos de folhas de bananeira e cozinhando a pleno vapor. Grupos de cidadãos, aos quais se misturam os agentes de Christophe, entre eles Hugonin.

VENDEDORA:
Rapadura![11] Rapadura! Aqui tem tudo o que um homem pode querer. Rum! Pinga.[12] Fumo em rama![13] Fumo de corda![14] Carne seca! Jabá![15] Jabá! [*dirigindo-se a Hugonin*] Rapadura, moço? Ou jabá?

HUGONIN:
Diga lá, minha bela, não é rapadura que eu quero, é você, minha teteia! Nada de jabá! Quero é me jogar em cima de você, minha teteia!

VENDEDORA:
Mal-educado! Atrevido! Senhores, aqui tem leite de milho! Leite de milho! Leite de milho![16]

---

11. *Rapadou:* estágio bruto do açúcar de cana.
12. N. da T. *Clairin* no original, aguardente de cana de destilação mais rústica que o rum.
13. *Boulons:* folhas de tabaco torcidas.
14. *Andouilles:* folhas de tabaco local prensado em longos pedúnculos secos do tronco da palmeira, chamados de *tâches*.
15. *Tassau:* do espanhol *tasajo*, carne cortada em tiras.
16. *Akassan:* mingau de milho.

HUGONIN:
O deleitoso não é seu leite de milho, é outra coisa que me ferve o sangue.

VENDEDORA:
Patife! Grosseirão! Polícia, polícia, acudam!

PRIMEIRO CIDADÃO:
Não deixa de ser impressionante, esse barco que há dois meses se apresenta periodicamente à entrada do porto e ao qual se recusam a dar autorização para atracar.

HUGONIN:
Quanta inocência! Você não sabe do que se trata?

> [cantando]
> *É a baleia que corre e que vira*
> *Aí nesse seu belo navio sem freio*
> *Todo o cuidado com essa baleia*
> *Ela vai comer o seu dedo do meio*

Tradução livre: É o barco do rei da França! Eu lhe digo na intenção de ser útil: se o senhor está precisando de uns porretes para curar o lumbago, o porão dele está cheio.

PRIMEIRO CIDADÃO:
Meu senhor!

HUGONIN:
E se o traseiro do senhor deseja ser retalhado em postas, o mesmo se aplica! O porão desse navio guarda tudo para satisfazer o desejo do seu traseiro!

PRIMEIRO CIDADÃO:
Não vamos exagerar, meu caro. Quem sabe se não é um acordo que aquela gente nos vem propor? Meu Deus, se isso puder poupar ao país uma nova comoção, por que não?

HUGONIN:
Vejam só isso! Sua Senhoria tem o coração sensível. Sua Senhoria quer evitar comoções! Pobre amigo, os acordos não trarão nada. Nem sua prudência. Nem sua covardia. Assim como existem mulheres acometidas pelo mal-caduco,[17] e isso as ataca onde quer que estejam, quando quer que seja, também existem países dados às comoções, países convulsivos, e o nosso é um deles. É o que lhe cabe, entende? Não, você não entende. Mas não importa!

Chegam alguns notáveis, entre eles Vastey.

VASTEY:
Vamos, cidadãos! Voltem para suas casas! Esse barco não nos diz respeito. É coisa para Christophe. A cada um o que é seu. A vocês cabe o trabalho, o trabalho livre, pois vocês são homens livres, o trabalho em prol da nação ameaçada. A Christophe cabe nos proteger, a nós, nossos bens e nossa liberdade.

SEGUNDO CIDADÃO:
Muito bem dito! Esse, sim, é um homem, o Christophe. Não esse molengão do Pétion! Parece que, para ser reconhecido pelo rei da França, ele ofereceu pagar uma indenização aos antigos colonos! Um negro propondo uma indenização àqueles a quem os negros desajuizados negaram o privilégio de possuir negros!

---

17. N. da T. Epilepsia.

Ele ri com amargura.

HUGONIN:
De que está se queixando? Você conhece a canção:
Eu lhe vendo minha vaca
boa de nata
boa de leite
boa de cria
por um peixe no prato
está feito o trato
Saiu muito barato

VASTEY:
[*com indolência*] Christophe é um homem, sim. Porém, nesse caso, ele também tem sua parcela, pequena, de culpa, mas é claro que não no mesmo grau que Pétion.

SEGUNDO CIDADÃO:
Tome cuidado, meu caro. Existem comparações ofensivas... Ofensivas e perigosas!

VASTEY:
[*queixoso*] É a você, cidadão, que eu digo *cuidado*. Convenhamos... Os franceses, e isso não deixa de criar uma situação perigosa, nos têm em bem pouca estima!

PRIMEIRO CIDADÃO:
É evidente, pois somos negros!

VASTEY:
Sim e não. Entenda bem o que quero dizer. O que dizem os brancos da França? Que Pétion e Christophe são dois fracos. Os franceses, veja só, não têm respeito pelas repúblicas. Napoleão

deixou isso claro! E o que é o Haiti? Não só uma, mas duas! Duas repúblicas, meu caro.

PRIMEIRO CIDADÃO:
É verdade... Mas o que se há de fazer? Meu Deus, o que se há de fazer?

VASTEY:
[*erguendo a voz e incitando a multidão*] O mundo inteiro nos observa, cidadãos, e os povos creem que os homens negros não possuem dignidade! Um rei, uma corte, um reino. Se queremos ser respeitados, é isso que devemos lhes mostrar. Um chefe à frente de nossa nação. Uma coroa sobre a cabeça de nosso chefe! Isso sim, acreditem, acalmaria as cabeças cujas ideias ventosas podem, a qualquer momento, aqui, sobre as nossas cabeças, desencadear uma tempestade!

Nesse momento, Christophe aparece, a cavalo, em meio a um fastuoso estado-maior.

A MULTIDÃO:
Viva Christophe! Viva o homem Christophe!

HUGONIN:
Viva o *rei* Christophe!

CHRISTOPHE:
Chega! Que povo é esse, que não tem por consciência nacional senão um aglomerado de leitões! Povo haitiano, o Haiti tem menos a temer dos franceses que de si mesmo! O inimigo desse povo é sua indolência, sua petulância, seu ódio à disciplina, o espírito de leviandade e de torpor.

Senhores, pela honra e pela sobrevivência deste país, não quero que jamais seja dito, que jamais sequer suspeitem no mundo que dez anos de liberdade negra, dez anos de incúria e de renúncia negra são suficientes para que seja dilapidado o tesouro que o mártir de nosso povo acumulou em cem anos de labuta e de açoite. Pouco importa que digam desde já que, comigo, vocês não terão o direito de se sentirem cansados. Vão, senhores! Vão, dispersem-se!

A MULTIDÃO:
Viva Christophe!

HUGONIN:
Viva o homem Christophe!

A MULTIDÃO:
Viva o rei Christophe!

Cena 3

No Palácio.

O MESTRE DE CERIMÔNIAS:[18]
Vamos, senhores, vamos! Perdoem-me por ser brusco com vocês, mas o rei pode aparecer a qualquer momento e é preciso dar

---

18. É um branco, enviado pela TESCO (Organização para a Cooperação Técnica, Educacional e Científica), a título de apoio técnico para as regiões subdesenvolvidas.
N. da T. Explicitando o paralelismo que a crítica ressalta entre a ação transcorrida no período revolucionário haitiano e o processo, contemporâneo à publicação da obra, de independência dos países africanos, esta nota anacrônica do autor menciona uma fictícia organização de cooperação (e tutela) internacional, cuja sigla, em inglês na edição original francesa, remete incontornavelmente à UNESCO (Organização das Nações Unidas para a Educação, a Ciência e a Cultura).

início ao ensaio. Chamarei os nomes e recapitularemos os princípios gerais da cerimônia. Uma cerimônia importante, crucial, senhores, para a qual os olhos do mundo inteiro estarão voltados.

Contorções simiescas e irônicas dos cortesãos.

PRIMEIRO CORTESÃO:
Senhor duque!

SEGUNDO CORTESÃO:
Senhor conde!

TERCEIRO CORTESÃO:
Oh, alteza!

Gargalhadas.

PRIMEIRO CORTESÃO:
Que história! Este rei, este reino, esta coroação, não dá para acreditar!

SEGUNDO CORTESÃO:
Não dá para acreditar, mas dá para sentir. É fatigante.

VASTEY:
Este rei negro, um conto de fadas, não é? Este reino negro, esta corte, uma perfeita réplica em preto daquilo que a velha Europa produziu de melhor em matéria de corte!

MAGNY:
Meu caro Vastey, sou um velho soldado. Servi sob o comando de Toussaint e Dessalines e lhe digo, com toda a franqueza, que não sirvo para essas cortesanices com as quais você parece se deleitar!

VASTEY:
[*com toda a compostura*] Meu caro colega! Magny! Vossa Graça! O duque de Plaisance! Com um discurso desses!

SEGUNDO CORTESÃO:
Com nossos títulos pomposos, duque da Limonada, duque da Marmelada, conde da Baixa do Bombom, fazemos boa figura![19] Imaginem só! Os franceses se esbaldarão de tanto rir!

VASTEY:
[*irônico*] Homem de pouca fé! Convenhamos! O riso dos franceses em nada me incomoda! Marmelada, por que não? Por que não Limonada? São nomes para serem pronunciados de boca cheia! Gastronômicos à saciedade! Afinal de contas, os franceses não têm também o duque de Foix e o duque de Bouillon?[20] Soa mais apetitoso? Existem precedentes, vejam vocês! Quanto a você, Magny, vamos falar sério. Você reparou que a Europa nos enviou, assim que solicitamos, a ajuda da Cooperação Técnica Internacional? Não um engenheiro. Não um soldado. Não um professor. Um mestre de cerimônias! A forma, meu caro, isso é a civilização! A adequação formal do homem! Pense nisso, pense nisso! A forma, a matriz de onde emanam o ser, a substância, o homem propriamente dito. Tudo, em suma. O vazio, mas o vazio prodigioso, capaz de gerar e plasmar...

MAGNY:
O que significa todo esse palavrório?

---

19. N. da T. Limonade, Marmelade e Trou-Bonbon são nomes de localidades haitianas, todos alusivos ao predomínio histórico da produção açucareira na ex-colônia.
20. N. da T. Foix e Bouillon são comunas francesas, cujos nomes são, respectivamente, homófono de *foie* (fígado) e homônimo de *bouillon* (caldo, ensopado).

VASTEY:
Existe alguém que compreende isso instintivamente: é Christophe. Com suas formidáveis mãos de oleiro, amassando a argila haitiana, ele ao menos, não sei se ele sabe, mas melhor assim, ele sente, ao aspirar seu aroma, a linha que serpenteia rumo ao seu futuro, sua forma última! Em um país como o nosso, pode acreditar em mim, isso não é pouca coisa!

MAGNY:
Ao diabo com seus delírios de esteta afetado. Se ele tivesse me dado ouvidos, em vez de se besuntar de manteiga de cacau e de se cingir com uma coroa, teria cingido à cintura sua bainha e, de espada em punho, teríamos partido a galope rumo a Porto Príncipe, onde há tantas belas terras a conquistar e tantos celerados a trucidar!

HUGONIN:
Eu não sou nenhum espadachim... Ah, não! Não treino com o sabre... nem sou ministro galardoado... Mas, mesmo assim, é possível ter opinião sobre o assunto... Genial, vocês me ouviram? Genial essa ideia de inventar uma nobreza! Para o rei, é uma maneira de batizar quem ele quiser e de ser padrinho de todo mundo! É verdade que, se os maridos permitissem, ele seria de todos os haitianos não o padrinho, mas o pai! Se eu fosse ministro, sei bem que proposta eu, como membro de seu Conselho, apresentaria ao rei!

MAGNY:
Veja onde nos encontramos, Vastey. Uma corte, tantos nobres... e o bobo da corte!

HUGONIN:
De uns tempos para cá, os títulos têm chovido de todos os lados! Aquele que me couber, valendo tanto quanto qualquer outro, eu o

recolho e acolho. Pois bem, e para estreá-lo, eu proporia que essa criança que nosso rei gerou com a dama gorda que vocês bem conhecem fosse chamado de duque das Variedades!

VASTEY:
Por mais que a charada seja um dos gêneros nacionais favoritos, asseguro que essa escapa ao meu entendimento!

HUGONIN:
Viu como você não sabe de tudo!

Gargalhadas dos cortesãos.

HUGONIN:
Mas atenção! Lá vem ele!... Diabos! Sinto uma coceira na parte baixa das costas!

Os cortesãos alinham a postura.

O MESTRE DE CERIMÔNIAS:
[*percebendo Christophe*] Senhores, eu lhes peço, senhores, façam um pouco de silêncio. Farei a chamada dos nomes:
Sua Graça Senhor duque de la Limonade
Sua Graça Senhor duque de Plaisance
Sua Alteza Seréníssima marquês de l'Avalasse
Sua Graça Senhor duque de Dondon
Sua Graça Senhor duque de la Marmelade
Senhor conde de Trou Bonbon
Senhor conde de Sale-Trou
Senhor conde de la Bande du Nord

Escudeiros:
Jean-Louis Lamour
Étienne Registre
Solide Cupidon
Joseph Almanzor

Oficiais do Daomé Real:
Senhor de Jupiter
Senhor Pierre Pompée
Senhor Lolo Jolicoeur

    Bem, todo mundo está presente. Senhor Paraviré, na condição de quartel-mestre,[21] cuide dos ornamentos reais... Quanto à tradição que lhes corresponde, recordo que ela segue a seguinte ordem: o anel, a espada, o manto, a vara da justiça,[22] o cetro!
    Mãos à obra, senhores!

CHRISTOPHE:
Muito bom, muito bem! Mas estão faltando aqui as mulheres. Façam entrar essas damas e designem a cada uma delas seu devido lugar na cerimônia.

Entram as damas: negras bundudas e empetecadas.

Christophe, batendo em algumas bundas.

---

21. N. da T. Intendente.
22. N. da T. *Main de justice*, uma das regalias utilizadas como insígnias do poder real na França, pelo menos desde o séc. XIII. Trata-se de um bastão encabeçado por uma mão aberta em benedição, cujo simbolismo evoca o poder jurisdicional do monarca.

CHRISTOPHE:
Vamos lá, senhoras marquesas, senhoras duquesas, minhas caras cavaleiras.

As damas ocupam seus lugares...

CHRISTOPHE:
Senhora da Seringa, Senhora da Grotinha, Senhora do Berrante! Minha querida comadre!

As cortesãs se esfalfam e se desdobram, com ou sem jeito, numa espécie de ensaio geral bufo e canhestro.

O MESTRE DE CERIMÔNIAS:
A postura! Cuidem da postura! Nada de gestos angulosos, bruscos... Gestos arredondados! Nem o ar ríspido de um soldado em manobra, nem o desleixo desenvolto. Pés africanos e braços crioulos. Um ar ao mesmo tempo digno e natural... Natural e solene...

CHRISTOPHE:
[*num arroubo*] Por Deus! Que aporrinhação é essa que me estoura o saco?... Buraco-Imundo, que diabo![23] Vão para o inferno, é como se vocês me tratassem com insolência! [*pegando Trou Bonbon pelo colarinho*]... Seja como for, não será assim que você me

---

23. N. da T. Trocadilho com o título do conde de Sale-Trou, que se refere a um antigo cantão do departamento Sul, próximo à cidade de Jacmel e posteriormente incorporado à municipalidade de Cayes-Jacmel, no atual departamento do Sudeste. Literalmente traduzido, *sale trou* significa "fosso ou buraco sujo, imundo".

entregará o cetro! Eu não vou comer você! Dirão que ele oferece uma banana a um elefante!

O MESTRE DE CERIMÔNIAS:
Senhores, recomecem! Atenção à postura! Tudo se resume à postura! [*doutoral e técnico*] Entendam, para caminhar corretamente, o homem deve-se manter ereto, mas sem rigidez, manter as duas pernas sobre uma linha, não se desviar nem à direita e nem à esquerda de seu eixo, fazer com que todo o seu corpo participe imperceptivelmente do movimento geral.

Os cortesãos se esforçam.

CHRISTOPHE:
[*relaxado, em seguida se exaltando pouco a pouco*] Trata-se de um pensamento elevado, meus senhores, e fico contente em ver que vocês o apreenderam em toda a sua plenitude. Em toda a sua grave profundidade!
   Esses novos nomes, esses títulos de nobreza, essa coroação!
   Eles antigamente roubavam nossos nomes!
   Nosso orgulho!
   Nossa nobreza, eles, repito *Eles* nos roubavam!
   Pierre, Paul, Jacques, Toussaint! Eis os selos humilhantes com que *eles* apagavam nossos verdadeiros nomes.
   Eu mesmo
   seu rei
   vocês conseguem sentir a dor de um homem que não sabe qual é o seu nome? O que invoca seu nome? Infelizmente, só nossa mãe África sabe!

Pois bem, munidos ou não de garras, temos tudo! Eu respondo "com garras". Devemos ser os "munidos de garras". Não apenas os dilacerados, mas também os *dilaceradores*. Nós, nossos nomes, já que não os podemos arrancar do passado, que os arranquemos do futuro!

> [*terno*]
> Vamos
> de nomes de glória hei de cobrir seus nomes de escravos,
> de nomes de orgulho nossos nomes de infâmia,
> de nomes de redenção nossos nomes de órfãos!
> É de um novo nascimento que se trata, senhores!
> [*contemplando os ornamentos reais*]
> Chocalhos. Sem dúvida alguma, chocalhos
> Também uma sacudida!
> Ilhota pedregosa, milhares de negros seminus
> que as ondas vomitaram certa noite na costa
> vindos de onde, envoltos em seu cheiro de presas em fuga?
> Sacode, sacode, savana branca
> como diziam meus ancestrais bambaras
> sacode com o poder de falar
> de fazer, de construir, de erguer
> de ser, de nomear, de atar, de refazer
> hei de tomá-los
> sei como pesam
> e hei de suportá-los!

Apagam-se as luzes. Ao se reacenderem, Catedral do Cabo.

Cena 4

Catedral do Cabo.

CORNEILLE BRELLE:
[*celebrando a missa*] *Profiterisne charissime in Christo Fili et promittis coram Deo et angelis ejus deinceps legem justiciam et pacem, Ecclesiae Dei populoque tibi subjecto facere ac servare... ac invigilare ut pontificibus Ecclesiae Dei condignus et canonicus honos exhibeatur?*

CHRISTOPHE:
Profiteor.

O diácono lhe apresenta os Evangelhos, que Christophe beija. O arcebispo pousa a coroa sobre sua cabeça.

O PRESIDENTE DO CONSELHO DE ESTADO:
Excelência, pela graça de Deus e pela lei constitucional do Estado, nós o proclamamos Henry I, soberano das ilhas de la Tortue, de la Gonâve e outras adjacentes. Destruidor da tirania, regenerador e benfeitor da nação haitiana, Primeiro Monarca coroado do Novo Mundo.

Gritos da plateia: "Viva para sempre Henry! Viva para sempre Henry!"

CHRISTOPHE:
[*em pé, braço esticado perante o Evangelho*] Juro manter a integridade do território e a independência do reino, jamais permitir, sob nenhum pretexto, o retorno da escravidão, nem qualquer medida contrária à liberdade e ao exercício dos direitos civis e políticos do povo do Haiti, governar somente em vista do interesse, do bem-estar e da glória da grande família haitiana, da qual sou o chefe.

O ARAUTO REAL:
O mui grandioso, mui augusto Rei Henry, rei do Haiti, está coroado e entronado. Viva para sempre Henry!

A MULTIDÃO:
Viva para sempre Henry!

CORO:
[*cantando*]
    Henry, valente guerreiro
    Da vitória abre-nos as portas
    Henry, valente guerreiro
[*o canto se converte em ode — bailada — a Xangô*]
    Shango, Madia Elloué / Azango, Shango Madia Elloué (bis)
    Sava Loué
    Sava Loué
    Azango, Shango Madia Elloué[24]

---

24. N. da T. Preservou-se a grafia do original para os nomes das divindades iorubás, que possuem diversas variações não somente no espaço de disseminação das religiões de matriz africana, mas também no interior do próprio Haiti.

CHRISTOPHE:

[*sozinho*]
   Aô
   erguido do rés da prostração
   do penar
   o sol da obediência e da resignação
   sobre a cabeça
   do povo maldito
      de ti abdico, vil quilate!
   Vara do domínio
   sobre ti
   de minha raça que foi serva
      cerro o punho!
   Cerro! Nossos punhos!

Cena 5

Um ponto do campo de batalha. Cai a noite. Imagens da guerra civil haitiana.

MAGNY:
Eu já não havia dito para liquidar os feridos?

OFICIAL:
Este, general, é o chefe dos rebeldes e me pareceu que eu o devia consultar neste caso.

MAGNY:
Está bem! É você, Metellus, o chefe dos rebeldes?

METELLUS:
Eu mesmo.

MAGNY:
Por que esse levante? Que agravo vocês nutrem contra Christophe? Fale!

METELLUS:
   Movido pelo duro açoite de um sonho
   de pedra em pedra, eu
   transpus, até o teu limiar, ó Morte, resvalando
   e te citando
   Bédoret, Ravine à Coulevres, la Crête-à-Pierrot
   Plaisance
      lugares em que não era agradável estar,
   conheci tudo isso:
   perfurado até os ossos pelas chuvas,
   pelos espinhos, pela febre, pelo medo,
   sentir fome
   dormir de olhos abertos no orvalho da manhã
   no silêncio da escuridão, a fuga, a angústia
   tendo, ao agarrarmos
   a sorte pelo colarinho, combatido com
   Toussaint!
   Era um sangue forte no combate.
   Por toda a parte nas trilhas selvagens, na encosta
   dos desfiladeiros
   no latido dos fuzis
   víamos a Puta Esperança
   (as palmas de suas mãos luziam na noite
   de sua pele, como o limbo dourado das
   folhas do caimito)

nós a víamos
(nosso pus estancado pela mamona vermelha)
nos embalar
   os implacáveis seios nus
   e o sangue que não cessa.
(Era ela a Desatinada que, destemida, atiçava
nosso sangue tímido
impedindo-o de estancar na engorda ou no repouso
e na esmola.)
Era um belo sangue rouco
e a mandioca amarga, desfiada, fechava
nossas feridas!
Que se dane!
   estávamos a fundar um país
      entre nós mesmos!
Não somente a gestão desta ilha!
Aberto a todas as ilhas!
A todos os negros! Os negros do mundo inteiro!
Mas vieram os procuradores
para dividir a família
pondo as mãos em nossa mãe
desfigurando-a aos olhos do mundo
em trivial marionete infeliz!
Christophe! Pétion!
eu rejeito por igual a dupla tirania
a do bruto
a do cético desdenhoso
e não se sabe de qual lado mais grassa o malefício!
Grande promissão
para poder saudar a você com uma saudação de homens
nos pusemos de vigília nas cristas dos montes,

na fenda das ravinas. De vigília
também nesta terra negra, rubescendo-a
com nosso sangue agreste, segundo o rumo
e a faina da imperiosa conquista.
Agora, ó Morte
quero tombar como em um sonho
depois da labuta! E não agradecerei nenhum sursis!

MAGNY:

[*ao oficial*] Cumpra-se! — Satisfaça o desejo desse infeliz. Que lhe seja dado o golpe de misericórdia!

O oficial atira. Morte de Metellus. Outro ponto do campo de batalha: Bandeiras, tambores, trompetes.

CHRISTOPHE:

[*no meio de um grupo de oficiais*] Dura jornada! Tombaram muitos homens! Grandes áreas deste nosso país também. Que lástima! Pobre face sulcada em demasia por nossas unhas! Drouillard, Garesché, Deschezelles, belíssimos talhos, glebas boas, sim, colheitas jamais vistas, um naco de pão bendito por nossa terra do Haiti, e vejam agora, as bordas dos poços espalhadas entre os cardos, estilhaços de paredes calcinadas no meio dos bananais selvagens, cactos perfurando com sua cabeça de ouriço a ondulação seca das algarobas!

    Além disso, o fedor! Sintam isso!
    Não sou marinheiro
    mas imagino que, de longe,
    deve ser isso que anuncia o Haiti à narina do descobridor:

esse fedor de sangue ressecado que arranha a garganta
essa emanação
esse bafio incessante
este odor de holocausto não consentido pelos deuses!
Chegamos em boa hora aos momentos derradeiros
Só mais amanhã e já estaremos lá!

[*apontando no chão um bicorne de general*] Só nos resta devolver amanhã a Pétion seu chapéu, que ele não teve tempo de recolher!

Risos dos oficiais. Gritos de hurra dos soldados. Trompetes. Todos saem.

Cena 6

Guerra civil. Diante Porto Príncipe sitiado. Tenda de Christophe.

CHRISTOPHE:
Vastey, tudo por terra
poeira por todos os lados
escombros
terra e entulhos, o adobe desmoronado.
Pedra, procuro pedra!
Cimento! Procuro cimento!
Todo esse descalabro, ah, colocar tudo isso novamente em pé!
Em pé e aos olhos do mundo, e sólido!

Vaivém de ajudantes de ordens.

MAGNY:
Alteza,[25] com sua licença, mas aguardamos o momento do ataque e a impaciência se apodera das tropas.

CHRISTOPHE:
Abandonemos isso, Magny.

MAGNY:
Alteza, jamais houve ocasião mais propícia. Pétion está contra a parede. Agarre sua oportunidade.

CHRISTOPHE:
Abandonemos isso, eu lhes digo. Não haverá ataque. Eu abandono qualquer ideia de campanha e, desde já, o cerco a essa cidade. Enviei um emissário a Pétion. Espero que ele compreenda que é chegado o momento de encerrarmos nossas querelas para edificar esse país e unir o povo contra um perigo mais próximo do que se imagina e que ameaçará até mesmo sua própria existência!

MAGNY:
Isso passa do limite do imaginável. Essa união é impensável. Trata-se de vencer ou ser vencido. Perdoe minha insistência.

CHRISTOPHE:
É preciso se esforçar para acreditar nisso, Magny, e, se é necessário que um de nós seja o primeiro, que seja eu! Já disse! Vão!

MAGNY:
E você, que seus olhos não vejam somente quando for tarde demais!

---

25. N. da T. No original, Sire, tratamento conferido aos monarcas reais ou imperiais da França. Sendo em tudo o mais equivalente a Alteza, preferiu-se esta opção em razão da eufonia.

Penumbra e, em seguida, luz. A cena se passa em Porto Príncipe, no Senado da República. Atmosfera mui parlamentar, estilo paródico.

LÍDER DA OPOSIÇÃO:
Meus caros colegas, depois de ouvir o que acabamos de escutar, não posso me conter em comunicar ao plenário a dolorosa impressão que me perturba. Sim, senhores, é algo de que estou certo, de que todos estamos certos, a monarquia de Christophe é uma caricatura. Mas também estou a me perguntar se nós, aqui, estamos situados em melhor posição e se esta nossa república não é uma caricatura de república e nosso parlamento uma caricatura de parlamento. Senhor Presidente, é necessário que Vossa Excelência se convença: o plenário tem o direito de saber de tudo e Vossa Excelência tem o dever de tudo revelar. Por que esses circunlóquios? Por que essas reticências? O que está sendo preparado? O que está sendo maquinado pelas costas da nação?

PÉTION:
Eu aceito a batalha onde quer que a oposição (é nosso orgulho tolerar uma oposição!), de forma inoportuna, tenha escolhido travá-la. Não tenho a intenção de ocultar nada do plenário, nem tampouco desejo pressionar irrefletidamente sobre sua livre decisão. Sou um democrata e não desejo ser o chefe, mas sim o guia de uma nação livre. De minha parte, portanto, a nação saberá de tudo; será a nação que decidirá e, quando a nação tiver decidido, podem estar certos de que Pétion agirá!

LÍDER DA OPOSIÇÃO:
Mas fale! Fale! Explique! O que quer afinal o general Christophe? O que pretende? Que o aceitemos como chefe? E em que

direito ele se apoiará? Será em todo o sangue inocente que ele fez derramar?

Aplausos.

PÉTION:
Se a oposição (e é, neste caso, nossa glória tolerar aqui uma oposição), se a oposição fosse menos guiada pelo espírito de precipitação e de perversa desconfiança e mais pelo espírito de contenção, de prudência e de probidade, que deveriam sempre inspirar os legisladores de uma república livre, então, senhores, ninguém iria, para o maior júbilo de nossos inimigos, perturbar com uma querela tão vã este momento de unanimidade nacional!
 Realmente, Christophe nos propõe a reunificação da ilha. Não preciso dizer que isso se daria sob sua autoridade, sua magnificência real se dignando, suponho, a nos distribuir, a vocês e a mim, uma miúda caridade de postos subalternos, os centavos trocados de algumas prebendas. Em suma, nós nos tornaríamos súditos de Sua Altíssima Majestade Christopheana!

UM DEPUTADO:
Isso é um ultraje!

UM DEPUTADO:
Nenhum acordo com o tirano!

UM DEPUTADO:
É um paxá grotesco!

UM DEPUTADO:
Antes Luís XVIII que Christophe!

UM DEPUTADO:
Invocamos sobre ele a danação dos céus!

As luzes se apagam. Quando se reacendem, de volta à tenda de Christophe diante de Porto Príncipe. Oficiais e ajudantes de ordens.

MAGNY:
Agora, pois, Alteza, já sabe com o que pode contar!

CHRISTOPHE:
Pobre África! Quero dizer, pobre Haiti! Mas é a mesma coisa. Lá a tribo, as línguas, os rios, as castas, a floresta, aldeia contra aldeia, choça contra choça.

Aqui, negros, mulatos, grifos, marabus[26] e não sei mais o quê, o clã, a casta, a cor, desconfiança e concorrência, brigas de galos, brigas de cães por um osso, brigas de piolhos!

---

26. N. da T. Na classificação racial corrente durante o período colonial no Haiti e perpetuada após a independência, mulato se refere, em sentido amplo, ao grupo miscigenado por oposição aos negros. Em sentido estrito, as categorias fenotípicas de miscigenação contemplavam: mulato, filho de pai branco e mãe negra; grifo (*griffe*), filho de um genitor negro e outro mulato; marabu (*marabou*), um genitor grifo e outro mulato; *sacatra* ou *mango*, um genitor negro e outro grifo. Destaque-se a oposição estabelecida entre o marabu e o *sacatra*, representando, respectivamente, um clareamento e um escurecimento no processo de miscigenação. *Sacatra* é um termo em *kreyòl* que significa, literalmente, um salto para trás. Outras categorias fenotípicas de miscigenação utilizadas no Haiti para marcar o clareamento fenotípico incluíam: quadrarão, um genitor branco e outro mulato; *metif*, equivalente a oitavão, um genitor branco e outro quadrarão; mameluco, um genitor branco e outro oitavão; quarterão, um genitor branco e outro mameluco; *sangmele* (significando, literalmente, sangue misturado), um genitor branco e outro quarterão. No português colonial do Brasil, os correspondentes que mais se aproximariam às categorias mencionadas de grifo e marabu, mencionadas no original, seriam, respectivamente, fula e pardavasco, adotados alternativamente.

[*vociferando*] Poeira! Poeira! Por todos os lados, poeira! Nenhuma pedra! Poeira! Apenas merda e poeira! [*calmo*] Diga, pois, às tropas, Magny, dê-lhes a ordem de marcha. Rumo ao Cabo! Rumo ao norte. Avante!

HUGONIN:
[*fazendo-se de atarefado*] Ei, camaradas! Daremos meia-volta. Com ou sem piquenique, picamos rumo ao Cabo. O rei ordenou: briga de piolho.

[*cantarolando*]
Um piolho e uma pulga
em cima duma banqueta
se lançam à disputa
num jogo de cacheta

A pulga furiosa
de cabeleira ao vento
diz-lhe à fuça: Tem tento
não passas de um pulguento

CHRISTOPHE:
É mesmo o momento perfeito para cantar, Hugonin! [*dirigindo-se a Vastey*] Veja você, Vastey, o próprio material humano precisa ser refundido. Como? Não sei. Tentaremos fazer isso em nosso canto! Em nossa pequena oficina! O menor rincão do universo é imenso se a mão é vasta e o querer não se abate!
   Avante!

Todos saem. Fanfarras.

Cena 7

Quinta de Christophe. Banquete de aniversário da coroação. Christophe e seus familiares.

CHRISTOPHE:
Ouvi dizer que, na França, o festim ocorreu no dia mesmo da sagração.

O MESTRE DE CERIMÔNIAS:
Sim, Majestade. [*doutoral e técnico*] Em Reims, no grande salão do arquiepiscopado, também chamado de Salão de Tau, com a presença de todos os dignatários, o Padeiro-Mor trazendo o cadeado de Sua Majestade.[27]

CHRISTOPHE:
Um cadeado! Que curioso!

O MESTRE DE CERIMÔNIAS:
Trata-se de um cofre. E o Escanção-Mor traz o bandejete...

---

27. N. da T. Cadeado era o nome dado ao ornamento que, a partir de meados do século XVI até o final do século XVIII, constituía a peça central da Mesa Real e cuja guarda e transporte eram confiados ao Padeiro-Mor, um dos Grandes Oficiais da Coroa de França e membro da Casa do Rei. A peça era feita de metal precioso e composta por duas partes: uma bandeja para que o prato servido ao rei não tocasse a mesa e um pequeno cofre munido de pequenos compartimentos destinados aos apetrechos de mesa de uso exclusivo do rei, seus temperos favoritos e, não raro, um antídoto contra envenenamentos. O cadeado deveria acompanhar o rei em todas as ocasiões e a todos os lugares para onde se deslocasse. Sua introdução ao repertório da etiqueta cortesã francesa, ocorrido durante o reinado de Henrique II (1547-1559), em substituição ao uso da nave de mesa, que, além dos apetrechos e temperos, continha também óleo combustível para servir como lâmpada. A evolução dessas peças ornamentais desembocou no uso moderno de castiçais, vasos e galheteiros (congregando sal, pimenta, azeite e vinagre) sobre a mesa.

HUGONIN:
Você disse bandejete?

O MESTRE DE CERIMÔNIAS:
...o bandejete, as copas e a decantadeira de Sua Majestade. O Escudeiro-Trinchante, com a Grande Colher e a Grande Faca de Sua Majestade. Todos os presentes trajando mantéis de veludo negro bordados a ouro... Acrescento ainda a tribuna ornamentada para receber a rainha e as princesas...

CHRISTOPHE:
Que curioso! Pois bem, se não a rainha, ao menos Madame Christophe está aqui, não sobre uma tribuna, mas junto de nós, ao nosso lado, o que é muito melhor. Pior para os costumes. Hoje, meu Escanção-Mor não verterá vinho, meu Escudeiro-Trinchante não trinchará nada.

HUGONIN:
Majestade, o que acabou de dizer me fere o coração e me rasga a garganta!

> [cantarolando]
> *Aquele a depena*
> *Aquele a cozinha*
> *Aquele se esbalda*
> *O pobre sem nada*
> *Lamba o prato, meu amigo*
> *Lamba o prato...*

CHRISTOPHE:
Podem estar certos, senhores, vocês não servirão, mas serão servidos.

HUGONIN:
Finalmente! Respiro aliviado! Vossa Majestade me devolve a vida. A vida e o apetite!

CHRISTOPHE:
[*ao mestre de cerimônias*] Sim, não há nada que eu odeie mais do que a imitação servil... Creio, Senhor Mestre de Cerimônias, que, se é necessário elevar esse povo ao patamar da civilização (e creio que ninguém tenha feito mais nesse sentido do que eu), também é necessário deixar que o espírito nacional se expresse. E é por isso que estamos aqui bem à vontade, eu diria à haitiana, não no Salão de Tau, como disse, mas sob a varanda, ouso dizer, de nossa morada tropical e bebendo não champanhe, mas Barbancourt três estrelas, o melhor rum do Haiti.

CHANLATTE:
[*declamando*] *Qual doces canaviais a gemer nas planícies!*

CHRISTOPHE:
Que é isso, Chanlatte? O que significam essa fungadeira e, no meio deste deleitoso banquete, esses gemidos queixosos?

CHANLATTE:
Não é nada, Majestade, apenas um poema em homenagem ao rum, tido como a bebida nacional.

CHRISTOPHE:
Nacional, bebida nacional! Muito interessante. Vejamos, recite.

CHANLATTE:
Que doces canaviais nessas planícies amarelecem!
Ouço longe cem moendas que, gemendo, padecem
Do nodoso junco o néctar arrancado

Brilha em meus olhos, em açúcar transformado
Ou cintilante, com sua espuma leve
Do copo escorre e em mim sobe e ferve.

CHRISTOPHE:
Sem dúvida alguma, é do rum que se trata. Está bem, Chanlatte, isso soa muito nacional e nós o ensinaremos nas escolas.

HUGONIN:
O quê? Nada mais de cerveja? Nada mais de champanhe? Eu, que me dirijo a vocês, sou tão patriota quanto qualquer outro. Tão antibranco quanto qualquer outro, mas não bebo nada além de champanhe!

CHRISTOPHE:
Com mil trovões! Precisamos ou não precisamos de uma poesia nacional? O champanhe, o champanhe, espécie de lambão! Tome, para se consolar do champanhe, pegue! Deleite-se! [*lança-lhe um naco de carne como a um cão*]

HUGONIN:
[*latindo*] Obrigado, senhor meu pai.

CHRISTOPHE:
Coma primeiro... Agradeça depois. E você, bispo, fale. Falem vocês todos! Como crianças no Ano-Novo, que cada um, no despontar deste reinado e no ocaso deste banquete, faça aqui seu brinde.

O BISPO:
Digo que Vossa Majestade assentou uma bela pedra e construiu uma bela casa. Que o Senhor a engrandeça, fortaleça e conforte!

CHRISTOPHE:

[*rindo*] Ora, ora, velho abatinado! Mas, quando se fala ao Senhor, é em latim que se fala!

O BISPO:

Ah, se assim deseja, Majestade. Como preferir! Não sou um padre do mato.[28]

[*recitando*]
Mane surgens jacob erigebat lapidem
intitulum, fundens oleum desuper
votum vovit Domino
Nisi Dominus aedificaverit domum in vanum
laboraverunt qui aedificant eam.
Nisi Dominus custodierit civitatem, frustra
vigilat qui custodit eam.

CHRISTOPHE:

Amém! Diga, então, Chanlatte, não está com inveja? Para nos salmodiar seu sermãozinho, Brelle montou em seu mais belo cavalo de prelado. Já a sua musa, poeta, cheia de coices, hesita ainda como uma besta recalcitrante.

CHANLATTE:

Pelo contrário! Pelo contrário! Guerreira e patriótica! Nacional e lírica! Essa é minha musa, rei. Pronta à primeira ordem. Lépida e fagueira. É a amazona do rei do Daomé.

CHRISTOPHE:

Ainda bem! Eis um belo cartão de visita.

---

28. N. da T. No original, *père-savane*, expressão haitiana para se referir a párocos improvisados, sacristões sem qualificação que percorrem o interior do país celebrando missas.

CHANLATTE:
[*declamando*] Que súbitos acentos me encantam o ouvido. Que concertos, que enlevos e com que maravilhas se ataviam estas latitudes?

> *É isto vigília ou de um sonho a ficção*
> *Somada ao prestígio de doce ilusão*
> *Sentidos e espírito nos embotaram?*
>
> *Do nobre guerreiro é o trono a herdade*
> *Venerável prêmio de uma alma leal*
> *Sorri sempre a sorte ao talento e hombridade*
> *Quem salva o país colha o manto real*

CHRISTOPHE:
Ele não o colhe, Chanlatte... Ele simplesmente o veste, e de pleno direito. Sigamos em frente! Ai! Ai! O que é isso que me morde a canela?

HUGONIN:
[*saindo de baixo da mesa*] Au, au, au! Quero dizer que sou o cão de Sua Majestade, o *pug* de Sua Majestade, o *bichon* de Sua Majestade, o mastim, o dogue de Sua Majestade!

CHRISTOPHE:
Uma lisonja que me machuca a panturrilha! Vá se deitar, seu imbecil!

PRÉZEAU:
Uma mensagem, Majestade. Uma carta de Londres, enviada por Sir Alexis Popham.

CHRISTOPHE:
Meu nobre amigo Wilberforce! Cumprimentos pelo aniversário de minha coroação!... Ha... Ele me conta que me inscreveu em

diversas sociedades científicas, assim como na Sociedade Bíblica Inglesa. [risos] Hein, arcebispo? Isso não há de fazer mal nenhum. Mas, Wilberforce, você não aprende nada mesmo e não é o único a raciocinar assim. *"Uma árvore não se inventa, mas se planta! Não se arrancam dela os frutos, mas se permite a ela que os produza. Uma nação não é uma criação, mas um amadurecimento, um ensejo, ano após ano, elo após elo."* Ele tem umas boas! Ser prudente! *Semear, ele me diz, as sementes da civilização.* Sim. Infelizmente, isso brota lentamente, inferno! *Dar tempo ao tempo...*

Mas nós não temos tempo para esperar quando é justamente o tempo que nos espreme a garganta! Tratar do destino de um povo se referindo ao sol, à chuva, às estações, que ideia absurda!

MADAME CHRISTOPHE:
Christophe!
    Eu mesma não passo de uma pobre mulher
    fui criada
    eu, a rainha, da Pousada da Coroa!
    Uma coroa sobre minha cabeça não fará
    que eu me torne
    mais do que a mulher comum,
    a boa negra que diz a seu marido
    cuidado!
    Christophe, quando se tenta colocar o teto de uma casa
    sobre outra casa
    ou ele despenca ou fica grande demais!
    Christophe, não exija em demasia dos homens
    nem de si mesmo, não em demasia!
    Além disso, sou mãe
    e, às vezes, quando o vejo obstinado sobre o cavalo

de seu coração impetuoso
o meu próprio coração
estremece e digo a mim mesma:
oxalá que um dia não se meça na infelicidade
dos filhos a falta de medida do pai.
Nossos filhos, Christophe, pense em nossos filhos.
Meu Deus! Como terminará tudo isso?

CHRISTOPHE:
Eu exijo em demasia dos homens! Mas não o bastante dos negros, Madame? Se existe uma coisa que me irrita tanto quanto as propostas dos escravagistas é ouvir nossos filantropos afirmar, sem dúvida alguma na melhor das intenções, que todos os homens são homens e não existem brancos nem negros. É um pensamento acomodado e descolado do mundo, Madame. Todos os homens têm direitos iguais. Assino embaixo. Mas, no seio da família humana, existem aqueles que têm mais deveres que os outros. Está aí a desigualdade. Uma desigualdade de exigências, entende? Quem será capaz de acreditar que todos os homens, digo todos, sem privilégio e sem isenção particular, conheceram a deportação, o tráfico, a escravidão, a degradação coletiva ao nível dos animais, a humilhação completa, o copioso insulto que todos eles receberam, infligindo ao corpo, ao rosto, o escarro que tudo denega? Apenas nós, Madame, ouça bem, apenas nós, os negros! Lançados ao fundo do poço! É onde nos vejo. No fundo do poço. É de onde gritamos; de onde aspiramos ao ar, à luz, ao sol. E, se quisermos voltar a subir, veja como se impõem a nós o pé que se escora, os músculos que se retesam, os dentes que se cerram, a cabeça, ah! a cabeça, ampla e fria! Eis o porquê de exigir aos negros mais que aos outros: mais trabalho, mais fé,

mais entusiasmo, um passo, mais um passo, outro passo ainda e aferrem-se ao terreno ganho com cada passo! Falo de uma escalada de volta a superfície jamais vista, senhores, e infeliz daquele cujo pé fraquejar!

MADAME CHRISTOPHE:
Um rei, que seja!
Christophe, quer saber como é que, em minha cabecinha crespa, imagino um rei?
Pois bem! É no meio da savana assolada pela fúria do sol, a folhagem cerrada e frondosa do grande cajazeiro, debaixo da qual se refugia o gado sedento de sombra.
Mas você? Você?
Às vezes me pergunto se você não é, na verdade
no esforço de tudo alcançar
de tudo controlar
a grande figueira que domina toda a vegetação
à sua volta
e a sufoca!

CHRISTOPHE:
Essa árvore é chamada de "figueira maldita".
Pense nisso, mulher!
Ah, eu exijo demais aos negros?
[*sobressaltado*] Espere! Escute! Em algum canto da noite, rufa o tantã... Em algum canto da noite, meu povo dança... E todos os dias são assim... Todas as noites... A jaguatirica está no meio dos arbustos, o bandido à nossa porta, o capitão do mato à espreita, com seu fuzil, seu laço, sua coleira; a armadilha está montada, o crime de nossos algozes nos atrela pelos calcanhares, e meu povo dança!

[*suplicante*]
Mas quem
quem, afinal
me oferecerá
mais que uma ladainha de padre, mais que uma elegia em verso, mais que a adulação do parasita, mais que as precauções de uma mulher,
qualquer coisa capaz de fazer este povo ao trabalho se dedicar
qualquer coisa que eduque
melhor ainda, que *edifique* este povo?
A propósito, Prézeau, mande entrar Martial Besse. E vocês, corja de indolentes e glutões, o que estão esperando para começarem a dançar vocês também? Sumam daqui! Disse para sumir daqui! Não quero nem mulheres, nem padres, nem cortesãos... Não me ouviram? Por Deus, sumam daqui! Eu, o rei, ficarei sozinho de guarda.

BESSE:
Ao seu dispor, Majestade.

CHRISTOPHE:
E então, Martial, nada? Nenhuma ideia? Nenhuma sugestão?

MARTIAL BESSE:
Majestade, dotar um povo de um patrimônio, um patrimônio seu
de beleza, de força, de segurança
não vejo obra mais digna de um
"paracleto", aquele que, instigando-o,
impele um povo ao seu limite
despertando sua força oculta!

CHRISTOPHE:
Obrigado, Martial Besse... Obrigado... Aprecio sua ideia: um patrimônio. Eu diria, porém, um patrimônio de energia e de orgulho. De orgulho, por que não? Veja esse peito estufado da terra, a terra que se concentra e se alonga, desprendendo-se de seu sono, o primeiro passo para fora do caos, a primeira caminhada rumo ao céu!

MARTIAL BESSE:
Majestade, para uma edificação, essas são escarpas assombrosas!

CHRISTOPHE:
Justamente, este povo precisa se desdobrar, almejar, conquistar algo impossível! Contra a Sorte, contra a História, contra a Natureza, ah! ah! o insólito atentado de nossas mãos nuas! Transposto por nossas mãos dilaceradas, o desafio insensato! Sobre essa montanha, a prodigiosa pedra angular, a fundação firme, o bloco inabalado! Não sei se assédio ao céu ou custódia do sol, a primeira investida na manhã da rendição! Veja, Besse. Imagine, sobre essa plataforma singular, voltada para o norte magnético, cento e trinta pés de altura, vinte de espessura nas muralhas, cal e cinzas de bagaço de cana, cal e sangue de touro, uma cidadela! Não um palácio. Não um castelo fortificado para proteger meu herdeiro. Digo a Cidadela, a liberdade de todo um povo. Erguida pelo povo inteiro, homens e mulheres, crianças e velhos, erguida pelo povo inteiro! Veja, sua cabeça está nas nuvens, seus pés rasgam o abismo, suas bocas cospem ferro e fogo até a amplidão dos mares, até o fundo dos vales, é uma cidade, uma fortaleza, um imenso encouraçado de pedra... Inexpugnável, Besse, inexpugnável! Pois sim, engenheiro, a cada povo seus monumentos! Para este povo que quiseram ver de joelhos, é preciso um monumento que o coloque de pé. Aqui está ele! Levante-se! Vele!

[*alucinado*] Veja... Mas veja! Ele vive. Ele ressoa no meio do nevoeiro. Ele se acende no meio da noite. Vitória sobre o negrume! A formidável cavalgada! Meus amigos, depois de beber o sal acre e o vinho negro da areia, eu, nós, os náufragos da grande onda, com espuma e sangue nas narinas, eu vi a enigmática proa rasgar o vagalhão da vergonha!

Que meu povo, meu povo negro,
    saúde a maresia que anuncia o futuro.

Visão da Cidadela se erguendo, iluminada em meio à escuridão da noite sobre uma dupla fileira de montanhas.

FIM DO PRIMEIRO ATO

PRIMEIRO ENTREATO

APRESENTADOR:
É possível impedir um país de gritar? De Môle Saint-Nicolas, no norte, a Jérémie, no sul.

O Haiti é uma poderosa garganta, e a língua do Haiti, o corredor que vem de longe, sua mais profunda ferida no meio das terras altas, a chaga viva em que se misturam sua palavra mais íntima e seu sangue mais secreto, se fantasia com um nome inextinguível: Artibonite.

E, se aqui retorno (Honra! Respeito!),[29] é para lhes falar do rio Artibonite, o rio-pai do Haiti, como diz o rei Christophe.

O caridoso compadre! Como se desdobra em estuários, arroios, canais, lagunas, para poder ajudar um pouco a todo mundo. E ele carrega, como nenhum outro, a alegria! Fragmentos de epopeia, dos deuses, das deusas, das sereias, a esperança e o desespero de um povo, a angústia dos planaltos e da savana, a violência e a ternura de um povo, o rio Artibonite, em seu caprichoso e volúvel derramamento, de guinadas de turbilhão em guinadas de turbilhão, porta, comporta e transporta, despeja e divulga tudo, desde as altas montanhas da República Dominicana até — é inútil procurar num mapa — a assim chamada Grande Salina; (são asas contra asas numa solene revoada de flamingos rosa no crepúsculo; também um grande alarido de porcos selvagens na confusão do mangue, da mancenilheira e da vassoura-vermelha).

---

29. N. da T. Trata-se da fórmula haitiana de saudação e reverência aos donos da casa em que se entra e a seus ancestrais. Aquele que entra saúda dizendo *Onè!* E o anfitrião responde *Respè!*

...E ele carrega também, conforme a estação, imensos troncos de madeira amarrados feito jangadas: é o campeche, que a água do rio acaricia e alimenta com seu limo. Cinquenta metros quadrados de superfície, dez toneladas de peso, o aglomerado todo meio imerso, flutuando sobre uma estrutura de bambu e troncos de bananeira fazendo as vezes de boias, esses paquetes[30] não são fáceis de comandar. Tampouco é fácil o trabalho daqueles que os conduzem e que aqui são chamados de "balseiros".[31] Nenhuma vela. Nenhum leme. Apenas forçando o próprio peso sobre suas compridas varas de madeira de mangueira, os "balseiros" encontram tempo para cantar, contar histórias e filosofar.

Visão do rio Artibonite: enormes comboios de madeira conduzidos pelos balseiros.

---

30. N. da T. No original, *kontiki*, um termo que se celebrizou no final da década de 1940, a partir do sucesso alcançado pela expedição realizada em 1947 no Oceano Pacífico pelo navegador norueguês Thor Heyerdahl, que pretendia demonstrar a possibilidade de que a colonização da Polinésia tivesse sido realizada originalmente por via marítima por indígenas sul-americanos. *Kon-Tiki* foi o nome dado por Heyerdahl tanto ao barco que construiu para sua expedição, inteiramente em madeira balsa (*Ochroma piramidale*) e recriando técnicas pré-colombianas de construção naval, quanto ao livro de enorme sucesso que escreveu relatando a preparação e a execução da jornada. Também é o nome de um documentário dirigido pelo próprio Heyerdahl, lançado em 1950 e premiado com o Oscar de Melhor Documentário de 1951, e que ajudou a celebrizar ainda mais a expedição ao longo das décadas seguintes. O nome *Kon-Tiki* alude ao nome pré-colombiano do deus sol inca, criador de todas as coisas, chamado em espanhol colonial de Viracocha ou Huiracocha e em quíchua de *Apu Qun Tiqsi Wiraqutra* ou *Con-Tici* (também escrito como *Kon-Tiki*).
31. N. da T. No original, *radayeur*. O termo *radayeur* não existe nem no francês, nem no *kreyòl*. Acredita-se que seja um neologismo criado pelo autor com base no substantivo *radeau* (balsa, jangada). O próprio autor utiliza aspas para introduzir o termo. Adotaremos aqui "balseiro" como tradução.

APRENDIZ DE BALSEIRO:
[*cantando*]
   Aguay rooh,
   Aguay rooh oh!
Faz dois meses que partimos, como demora para descer um rio.

CAPITÃO BALSEIRO:
Demora.

APRENDIZ DE BALSEIRO:
Quando chegaremos ao mar?

CAPITÃO BALSEIRO:
A Grande Salina; não leva mais tanto tempo assim.

APRENDIZ DE BALSEIRO:
O que não impede que demore!

CAPITÃO BALSEIRO:
O que importa, na verdade, não é tanto o caminho, mas saber por onde o seguir.

APRENDIZ DE BALSEIRO:
[*cantando*]
   Aguay rooh oh!
   Mestre Aguay
   Não deixe o barco soçobrar
   Aguay oh!

Os balseiros fundeiam suas varas. A balsa avança vagarosamente.

CAPITÃO BALSEIRO:

[*soprando em sua concha-rainha*[32]] Isso quer dizer "balseiros, atenção!" A embocadura da Grande Salina não está longe! Lá também, meu filho, é preciso ter cuidado!

APRENDIZ DE BALSEIRO:

Então, estamos chegando!

CAPITÃO BALSEIRO:

É lá que precisamos fazer mais força. Não tem outro jeito. Na Grande Salina, eles lhe lançam uma corda. Se você a agarra, tudo bem, você atraca e amarra! Se a deixa escapar, vai com Deus! Só lhe resta se jogar nos braços da Mãe d'Água.

APRENDIZ DE BALSEIRO:

E a balsa?

CAPITÃO BALSEIRO:

Nesse caso, resta dizer: adeus, balsa! Os campeches vão para o mar. O mar os traga e estilhaça. Do lado de lá, onde se diz que vivem os brancos da América, jamais estive para ver o que acontece.

APRENDIZ DE BALSEIRO:

Que dureza de profissão.

CAPITÃO BALSEIRO:

Tem que saber esporear a fera. Tem que saber também lhe passar o arreio.[33] Não é a profissão. É a vida.

---

32. N. da T. *Lobatus gigas*, gastrópodo marinho caribenho, conhecido em *kreyòl* como *lambi* e em português como concha-rainha.
33. N. da T. Prosseguindo com a analogia da domesticação de uma montaria selvagem, utiliza-se aqui, para se referir ao arreio, a expressão *barbouquet*, atribuída a uma corruptela do termo espanhol para o arreio que passa por baixo do queixo (*barbuquejo*) e, com a ressalva de uma menor verossimi-

APRENDIZ DE BALSEIRO:
Aguay, Aguay! rooh!

CAPITÃO BALSEIRO:
[cantando e fundeando a vara]
    Aguay, rooh — oh!
    Aguay roio — oh!
    Não deixe o barco soçobrar
    Não deixe o país soçobrar!

---

lhança etimológica, do vocábulo do francês antigo *barbouchet*, significando um golpe sob o queixo.

SEGUNDO ATO

Cena 1

Paisagem rural haitiana. Um roçado. É a hora do descanso. Camponeses.

PRIMEIRO CAMPONÊS:
Tome, é fresca esta água; é do rio que corre entre os jambeiros.

SEGUNDO CAMPONÊS:
Não digo que não. Ela é fresca, sim, mas um golezinho de rum também viria a calhar. Não há nada como um gole de rum seco para aliviar o cansaço do corpo quando se está suado. O melhor estimulante.

PRIMEIRO CAMPONÊS:
Compadre, vai chover. E não será rum! Veja! O Monte Bédoret está soltando fumaça e, quando o Bédoret fuma, é tempo ruim. Com toda a certeza. Apesar de tudo, é uma bela terra abençoada: os cafezais, os cacauais e esta água que corre entre os jambeiros e os bambuzais.

SEGUNDO CAMPONÊS:
Sim, compadre. Não digo que não. A terra é boa, claro, mas o tempo não, o tempo em que vivemos.

PRIMEIRO CAMPONÊS:
Existem coisas que não devem ser ditas, compadre. O tempo não tem bondade nem maldade. O gosto está na boca. É o jeito de tomar que dá o gosto, a bondade ou maldade.

SEGUNDO CAMPONÊS:
Compadre, acredite em mim: existem pessoas que não nos deixam nem tomar o tempo. Eles o enfiam por nossa goela abaixo, feito um remédio.

PRIMEIRO CAMPONÊS:
Não se pode reclamar de um bom remédio de ervas que promovem uma renovação no corpo.

SEGUNDO CAMPONÊS:
Não reclamo de um bom remédio de ervas. Mas, com isso, digo a mim mesmo que, se nós atiramos os brancos ao mar, foi para tê-la para nós, esta terra, não para penar na terra dos outros, ainda que negros, tê-la como se tem uma mulher, ora!

PRIMEIRO CAMPONÊS:
Não precisa se revoltar, compadre...! Eu mesmo, por vezes, chegaria a ponto de dizer que Christophe ama em demasia o porrete![34] Mas não é porque se ama em demasia o porrete que não se pode ser um bom pai e um bom marido. Francamente! Se quer saber minha opinião, Pétion é um homem de bem, que deixa as coisas correrem. É como uma mãe, que mima os filhos e os coloca contra o pai. Mas o pai é o pai, e o que ele faz de severo é para o bem dos filhos e porque ele sente orgulho dos filhos. Pense bem, compadre, pense bem.

SEGUNDO CAMPONÊS:
Pensando bem em tudo isso, compadre, não é orgulho que se deve ter... mas compreensão.

---

34. N. da T. A expressão utilizada no original é *cocomacaque*, nome dado a um grosso e pesado bastão, usualmente obtido do tronco do coqueiro e que é amplamente utilizado tanto para funções cerimoniais do vodu, com o propósito de afugentar espíritos malignos, quanto como arma.

PRIMEIRO CAMPONÊS:
Deus é bom, compadre. É preciso se entregar a Ele.

SEGUNDO CAMPONÊS:
Deus é bom, mas vive lá no alto. O duro é fazer a prece subir até lá. Aiai! Com esses malditos Daomés Reais, não tem nem jeito de fazer um "despacho".[35] Mal o tambor começa a bater e eles já vêm para cima de nós, pacatá, pacatá, pacatá. É de se pensar que os deuses têm tão pouca liberdade quanto os homens.

PRIMEIRO CAMPONÊS:
Compadre, dá licença, dá licença...

Galope de cavalos.

SEGUNDO CAMPONÊS:
O que é que você dizia mesmo? Pacatá, pacatá, pacatá! São os Reais. Estamos em maus lençóis!

Passam os Daomés Reais. Os camponeses se põem a trabalhar com ostentação. O destacamento dos Daomés Reais se detém à altura dos camponeses. O chefe lê uma proclamação. A voz, entre dois rufos de tambor, ergue-se pouco a pouco até o ponto da obsessão.

O DAOMÉ REAL:
[*lendo*] "Por conseguinte, almejando que minha proclamação tenha plena observância e que todos os abusos que se têm dis-

---

35. Cerimônia para honrar os deuses africanos.
N. da T. No original, entre aspas, *"petit service"*.

seminado entre os lavradores cessem a partir da publicação do presente regulamento, eu ordeno peremptoriamente o seguinte:

Artigo 1º. — Todos os gerentes, capatazes e lavradores serão obrigados a cumprir com exatidão, submissão e obediência seus deveres — *como fazem os militares*.

Artigo 2º. — Todos os gerentes, capatazes e lavradores que não cumprirem com assiduidade os deveres que lhes impõe o cultivo serão presos e punidos com o mesmo rigor aplicado aos *militares que se furtam aos seus*.

Artigo 3º. — Encarregamos os generais e altos oficiais de monitorar a aplicação do presente regulamento, por cuja observância eu os declaro pessoalmente responsáveis. Quero ardentemente me convencer de que sua dedicação a me auxiliar em prol da prosperidade pública não será passageira, convictos que são de que *a liberdade não pode subsistir sem o trabalho*.

Assinado: Christophe."

Rufar de tambor.

Os camponeses, perplexos por um instante, retomam o trabalho.

CAMPONESES:
[*cantando*]
    Ago,[36] *desmancham minha enxada*
    Meninos, se ela for desmanchada
    Vocês vão remanchá-la
    Ago! Ago!

---

36. N. da T. *Ago* é uma interjeição incorporada ao vocabulário litúrgico vodu a partir do iorubá. Indica reverência, correspondendo a um pedido de licença ou obséquio.

Cena 2

Em Cap-Henry.[37] Um salão burguês.

PRIMEIRA DAMA:
Minha cara, você já sabe da última?... É das boas e interessa ao nosso sexo... Você acredita que ele mobilizou até a família real? Inclusive as filhas. Tanto Athénaïs quanto Améthyste, as princesas, como se diz, serão daqui para a frente obrigadas a ir aos roçados pelo menos uma vez por semana! As princesas!

SEGUNDA DAMA:
Mas para fazer o quê, eu lhe pergunto. Para fazer papel de vivandeiras?

PRIMEIRA DAMA:
Você jamais seria capaz de adivinhar: uma deve desfilar uma bandeira e a outra sua voz, para reavivar a coragem amortecida dos trabalhadores. Chegaram até mesmo a inventar títulos para elas. De agora em diante, haverá a rainha-do-estandarte e a rainha-cantante. Hein! O que me diz disso?

SEGUNDA DAMA:
Infelizmente, minha história é mais triste! É a história de um pobre coitado. Parece que ele dormia sob sua varanda, numa hora indevida. Quer dizer, numa hora não prevista pelo código

---

37. N. da T. Chamada no período colonial de *Cap-Français*, a "Paris das Antilhas" recebeu, após a independência, o nome de Cabo Haitiano (*Cap-Haïtien* em francês, *Kap Ayisyen* em kreyòl e, popularmente, *Le Cap* ou *Okap*). Durante o reinado de Christophe, passou a ser chamada de *Cap-Henri* ou *Cap-Henry*.

de Henry. O rei o viu do alto da Cidadela, com sua luneta. Pelo amor de meus antepassados! Que fúria! Ele chamou um oficial. Eles entraram na galeria dos canhões. Você pode adivinhar o que aconteceu em seguida!

Num canto da chapada, vê-se em retrospecto a cena relatada.

CHRISTOPHE:
Tome, olhe!... Vamos, olhe, eu disse!... General Guerrier... o que viu?

GUERRIER:
Um pobre camponês, Majestade. Exausto, sem dúvida!

CHRISTOPHE:
Exausto?... General! Bateria doze em posição! Apontar! Fogo!

GUERRIER:
Fogo!

HUGONIN:
Ulalá! A choupana foi pelos ares! O homenzinho virou mingau! Bravo, Majestade, pela artilharia real. Almas sensíveis, não se desesperem. Ele passou do cochilo ao sono eterno sem nem perceber!... Requiescat in pace!

Fim da cena em retrospecto.

PRIMEIRA DAMA:
Que hediondo! Que hediondo! Mais eis que chega o Senhor Vastey. Senhor barão, seja bem-vindo.

VASTEY:
Madame, beijo-lhe as mãos.

SEGUNDA DAMA:
Fico contente em vê-lo, Senhor Vastey. Sua presença se tornou tão rara desde que se incumbiu de carregar o peso do Estado nas costas.

VASTEY:
Deixemos isso de lado, Madame.

PRIMEIRA DAMA:
Mas a nós, não nos deixam de modo algum. Senhor Vastey, era uma vez um rei tomado por ferozes caprichos. E seus súditos se perguntavam...

VASTEY:
Não! Contemplavam o belo e raro espetáculo de uma imensa força em expansão, irascível, sem sombra de dúvida, mas uma força, Madame.

PRIMEIRA DAMA:
Uma força? Meu Deus, como não pensei nisso? Uma força! Mas, então, o que esperar dela senão que nos esmague?

VASTEY:
Dela espero, Madame, que nos consolide. E, antes de mais nada, perante nossos próprios olhos.

SEGUNDA DAMA:
Até que isso aconteça, tudo o mais se assemelha assustadoramente a algo que bem conhecemos de outrora e que você próprio, Senhor Vastey, por sua honra, já combateu. Outrora.

VASTEY:
É! Para seguir seu curso, a História tem por vezes um só caminho. E todos o trilham!

PRIMEIRA DAMA:
Se bem que esse caminho da liberdade se confunde com o da escravidão.

SEGUNDA DAMA:
Um encantador paradoxo! Em suma, o rei Christophe fomentará a liberdade por meio da servidão!

VASTEY:
E se fosse possível provar que, bem gasto, o dinheiro do diabo se torna o tesouro de Deus? O Deus a que sirvo, Madame, é a grandeza do Estado e a liberdade dos negros.

PRIMEIRA DAMA:
Bem vejo, Senhor Vastey, que jamais conseguiria convencer um advogado como o senhor. Mas não importa, chega de política! Isabelle, sente-se ao cravo. Ela possui uma voz maravilhosa, essa criança. Isabelle, cante para nós aquela linda romança, a romança de Ourika.

VASTEY:
E quem é essa criança encantadora, Ourika?

PRIMEIRA DAMA:
A heroína de um romance que fez chorar Paris inteira... É a história de uma negrinha criada na Europa por uma importante família branca e que sofre em razão de sua cor e morre.

VASTEY:
Ah, interessante! Muito interessante!

ISABELLE:

[cantando]
>Nascida na negra Guiné
>Longínqua flor de um céu em brasa
>A Ourika a sorte em revés
>Ditou assim sua desgraça
>
>França, dona do meu fascínio
>Saudavam-te meus alvoroços
>Calaste que eu, em teus domínios
>Do amor jamais teria o gosto
>
>Branca cor, essa cor dos anjos
>Minh'alma de ti era digna
>Daria a Deus louvor tamanho
>Se a tivesse feito minha!
>
>Mas fui criada como errata
>Finda a desdita de Ourika:
>A quem não pode ser amada
>Se não a morte, o que haverá?

PRIMEIRA DAMA:
Bravo! Bravo! É de cortar os pulsos. Em que isso o faz pensar, Senhor Vastey?

VASTEY:
Penso em Christophe, Madame. Sabe por que ele trabalha dia e noite? Sabe o porquê desses ferozes caprichos, como você disse, desse labor frenético... É para que, doravante, não haja mais pelo mundo uma só menina negra que tenha vergonha de sua pele e veja em sua cor um obstáculo à realização dos desígnios de seu coração.

Cena 3

CHRISTOPHE:
Em prol da Cidadela, é preciso fazer mais e mais rápido. Deveríamos poder tirar melhor proveito de todas as forças do país, digo de todas mesmo, tanto das mulheres quanto das crianças.

VASTEY:
Das crianças?

CHRISTOPHE:
Sim, das crianças! Santa cretinice! É o futuro delas que estamos construindo! O baluarte sem o qual seria possível ao falcão voar à caça do que lhe cruzasse a vista; a espaldeira para a árvore frágil e que acaba de nascer. Então, todos ao trabalho, ao serviço, a carregar pedras. Dez pedras a cada dia para cada mulher não as vão matar! De duas a cinco para cada criança, conforme a idade. Onde está Prézeau?

PRÉZEAU:
Estou aqui, Alteza.

CHRISTOPHE:
Eu o encarrego, Prézeau, de resolver o caso Basin. Eu o tornei conde de Mont-Roui, enfeudei-lhe Deschapelles e descubro que ele manda açoitar os camponeses. Que diabos! Coloquei trabalhadores à sua disposição, não lhe dei escravos! Despache para lá um destacamento de Daomés Reais. Que amarrem o gerente açoitador a uma árvore, em praça pública, perante o povo reunido. E que seja despedaçado a golpes de sabre, membro após membro.

Quanto a Basin, diga-lhe que venha até aqui amanhã. Jamais teremos mão de obra suficiente na Cidadela.

É hora de chamar à razão esses negros que creem que a Revolução consiste em tomar o lugar dos brancos e continuar, no mesmo lugar e do mesmo jeito, quer dizer, sobre as costas dos negros, a fazer o papel do branco.

Prézeau, você levará também uma mensagem, quero dizer, uma mensagem firme, ao diretor do depósito de garanhões no haras das Pastagens de Bronze. Diga a Rigolo Socrate, pois é assim que se chama, que não vejo graça em seu regalo. Ele me escreve, dizendo que um de meus garanhões ingleses está morto. Informe-o de uma vez por todas que Sócrates é homem e, portanto, mortal; que meus cavalos não são homens; que eles podem trocar de crina, mas não morrem. Sendo assim, dou-lhe um prazo de três meses para que substitua meu animal. Senão, mandarei passar-lhe o sabre na entrada de seu haras.

Agora, você, Richard! Temos uma conta a acertar entre nós.

RICHARD:
Eu, Majestade?

CHRISTOPHE:
Você, Richard! E vou recordar a você uma história que já conhece. O Imperador Dessalines havia feito aulas de dança com um professor que, em sua honra, inventou a carabineira.

HUGONIN:
[*cantando de maneira grotesca*]
O imperador vem lá
E o cuco cadê?
O imperador a dançar
Requiescat in pace!

CHRISTOPHE:

Contenha-se, Hugonin! O professor de dança se chamava Manuel. Hugonin tem razão: com minha chegada, mandei executá-lo. Ele havia aviltado a nação ao ridicularizar o chefe.

RICHARD:

Majestade, temo não ser capaz de ver a relação.

HUGONIN:

Majestade, ele diz não ver a relação.
O imperador vem lá
E o cuco cadê?
O imperador a dançar

CHRISTOPHE:

Contenha-se, Hugonin. Richard, já que é preciso colocar para você os pontos nos is, você se portou de maneira ridícula no baile de ontem. Percebe agora a relação? Saiba que não aprecio ver minha nobreza fazendo palhaçadas. Em minha corte, não se dança a bambula, meu senhor. Entendeu agora? Você partirá ainda esta noite para Thomasico, rebaixado ao posto de capitão.

RICHARD:

Capitão? Essa aldeia imunda nos confins do reino?

CHRISTOPHE:

Precisamente, é o que mais lhe convém. Lá você poderá dançar inteiramente à vontade... a carabineira.

HUGONIN:

O imperador vem lá
E o cuco cadê?
O imperador a dançar!

CHRISTOPHE:
Decididamente, senhores, os problemas se acumulam de tal maneira que, se eu não reajo à altura, a anarquia se instalará no reino...

MAGNY:
A anarquia?

CHRISTOPHE:
Foi o que eu disse: a a-nar-qui-a! E a quem serviu a carapuça, que a vista.
 Ah, que trabalho! Aprumar esse povo! E eis-me aqui feito um professor de escola sacudindo a palmatória diante de uma nação de crianças levadas! Senhores, entendam bem o sentido dessas sanções. Ou tudo se espatifa ou então se coloca tudo em pé. Espatifar tudo é uma opção que se poderia contemplar... Tudo ao chão, a nudez nua e crua. Por Deus, uma liberdade como nenhuma outra. Restariam a terra, o céu, as estrelas, a noite, nós, os negros com a liberdade, as raízes e as bananeiras selvagens. É uma ideia! Ou então nós colocamos tudo de pé! E vocês sabem o que vem a seguir. É preciso sustentar. É preciso carregar: cada vez mais alto. Cada vez mais longe. Eu fiz minha própria escolha. É preciso carregar. É preciso caminhar. É por isso, Brelle [*o arcebispo se sobressalta*] — sim, sim, é a você que me dirijo, arcebispo, para dizer que não gostei nada de sua solicitação de repatriação à França. Eu o tornei duque de l'Anse; mandei construir o mais belo palácio arquiepiscopal do Novo Mundo e, agora, você mal vê a hora de me abandonar para voltar à Europa!

CORNEILLE BRELLE:
Majestade, vinte anos nos trópicos me dão o direito ao descanso.

CHRISTOPHE:
Descanso! Descanso! Todos têm agora essa palavra na boca! Até você, Brelle, meu velho companheiro!

CORNEILLE BRELLE:
Deixei na França minha mãe idosa, Majestade.

CHRISTOPHE:
Ainda resta tudo a ser feito, Brelle!

CORNEILLE BRELLE:
Seu trono está assegurado, o reino prospera e você tem à sua frente um velho padre puído pelo trabalho evangélico e que já não é capaz de mais nada.

CHRISTOPHE:
Que diabos, Brelle! Uma vez começada, não se abandona a tarefa! Mesmo que seja para ir abraçar a mãe idosa... Bom... Bom... Pensarei no assunto... Enquanto isso, tenho trabalho para vocês... Hugonin, já chegaram os camponeses? Mande entrar essa caterva!

Entram camponeses e camponesas.

Cena 4

CHRISTOPHE:
[*aos camponeses*] Senhores, soube de poucas e boas a respeito de vocês. Os relatos que recebi me indicam que não são casados, que são devassos.

HUGONIN:

Sim, Majestade, esses senhores se depravam para cá e se depravam para lá, sem rima nem razão... São fornicadores, Majestade! É espantoso. Fornicadores!

CHRISTOPHE:

Entendido: o que equivale a dizer que são conspiradores! Pois bem, isso precisa acabar! Nosso Estado necessita de um arrimo estável, e não existe Estado estável sem família estável, não existe família estável sem mulher estável. Não quero que meus súditos saiam fornicando por aí, de braguilha aberta, feito selvagens.
 Decidi, pois, que vocês se casarão imediatamente.
 Hugonin, eu o encarrego da moralidade pública.

HUGONIN:

Da moralidade pública? Eu? Obrigado, Majestade. Vindo de meu príncipe, nada poderia me tocar mais do que esta homenagem ao meu caráter, à minha candura, aos meus bons modos, à minha virtude, ao...

CHRISTOPHE:

Sim, sim!

HUGONIN:

Senhoras e senhores, o rei, em seu zelo paternal, decidiu poupar-lhes a árdua tarefa de escolher atrás de quem se lançar... Aqui estão todos e todas vocês, meus filhos... A cada um a sua, a cada uma o seu... e vice-versa. Vejamos, você, aquela lá lhe serve? Sim, não é mesmo? Um pouco gorda! Mas as mulheres gordas são as melhores... Para você adjudicada!... Para você, a magrinha! De acordo... Tem gente para todos os gostos... Você me parece talhado como um Hércules... E aquela lá parece ter boas ancas... Cruzes! Sim, ancas capazes de arremessar um elefante ao céu. E então, o que está esperando? Pegue-a... Sirvam-se, senhores. O número certo de sapato para cada pé...

Majestade, uma mulher como esta é um achado. Ela dá conta de todo um regimento.

Vamos lá, senhores, senhoras, a agricultura precisa de braços e o Estado de soldados...

Desejo, pois, a todos vocês, uma boa noite, e cavem fundo!

CHRISTOPHE:
Vamos, Brelle, dê a eles sua benção... E veja como ainda precisamos de você... Aposto que é o maior casamento que você já celebrou, hein?...

O arcebispo abençoa a multidão.

CHRISTOPHE:
E agora, França, tratemos entre nós.

Entra Vastey, que entrega a Christophe uma mensagem do rei da França.

Cena 5

VASTEY:
[*lendo o destinatário de uma carta*] "Ao senhor General Christophe, comandante da província norte de Saint-Domingue."

CHRISTOPHE:
Vastey, isso só pode se tratar de um erro de redação. Como é que você diz? Um... la... um... lap...

VASTEY:
Um lapso, Majestade. Um lapso calamitoso.

CHRISTOPHE:
Pois bem, isso, um lapso ocorrido ao secretário do secretário de Assuntos Estrangeiros de meu primo, o rei da França. Tudo bem! Todo pecado merece perdão! Isso, com mil diabos, não nos deve impedir de tratar a fundo aquilo que meu bom primo chama de "a questão de Saint-Domingue". Mande entrar o senhor Franco de Médina.

FRANCO DE MÉDINA:
Após ter tido o prazer de constatar a ordem que reina nesta parte da ilha, tenho a satisfação de saudar a grande sabedoria e o elevado espírito de moderação daquele que a administra com tanto talento e firmeza.

CHRISTOPHE:
Quando alguém se dirige a mim, senhor Franco de Médina, deve-me chamar de "Alteza"... Diz-se "Sua Majestade"... Trata-se, digamos, de um costume local, ao qual é, se não conveniente, ao menos habitual que o hóspede que se encontra de passagem se acomode. Mas dito isso, isso não nos deve impedir de tratar a fundo "a questão de Saint-Domingue".

FRANCO DE MÉDINA:
Justamente, Majestade...

CHRISTOPHE:
Já não era sem tempo... Majestade... Já se vê que você se haitianiza... Pois bem, entendi. Só nos resta fazer que esses senhores também entendam.
   Senhores, escutaram bem? Isso é o que se diz, com todas as letras, na mensagem que o senhor Franco de Médina me traz da parte do rei, seu mestre. Escutaram bem, vocês não passam de escravos rebeldes. Você, Magny, duque de Plaisance, você, Guerrier, duque de l'Avancé, você, Brelle, duque de l'Anse, você, Trou-Bonbon, você, Sale-Trou, você, Limonade, Tenente-general dos exércitos reais, Comandante da Ordem Real e Militar de Saint-Henry, secretário de Estado e ministro de Assuntos Estrangeiros, escutaram bem? Vocês são *escravos aquilombados* e é *precária* a situação de seu rei. Que baixeza! Que patifaria! Um rei! Propor isso a mim, um rei! Um rei!
   [*subitamente mais calmo*] Em suma, senhor Franco de Médina, o que você me oferece é chamado de transação. Uma transação sobre as costas do meu povo! Este povo livre retomaria seus grilhões, nosso exército glorioso abandonaria as armas para se submeter à chibata; os troféus conquistados nos campos de batalha adornariam seu suplício! E eu, nas antecâmaras de seu rei, chafurdaria em trajes de lacaio agaloado! Na verdade, meu senhor, se você não estivesse aqui em um país civilizado e protegido pela imunidade diplomática...

VASTEY:
Permita-me recordar a Vossa Majestade algo que certamente não lhe passou despercebido, que o emissário do rei da França, na condição de nativo da antiga porção espanhola de Saint-

-Domingue, atualmente uma província haitiana, é haitiano de pleno direito e, portanto, súdito de Vossa Majestade.

CHRISTOPHE:
Mas é claro! Obrigado, Vastey... Obrigado... Vejo que você nasceu para me compreender e me servir! Enquanto isso, e para resolver "o cerne da questão de Saint-Domingue", faça saber à França que, livres de direito e independentes de fato, nós jamais renunciaremos a essas conquistas; não! Que jamais deixaremos que destruam o edifício que erguemos com nossas próprias mãos e cimentamos com nosso sangue.

FRANCO DE MÉDINA:
Majestade, entenda bem, venho aqui estender o ramo de oliveira da paz.

CHRISTOPHE:
Você volta ao foco de minha atenção de maneira muito oportuna, senhor Franco de Médina. Onde está Prézeau?

PRÉZEAU:
Aqui estou, Majestade.

CHRISTOPHE:
Prézeau, mande rufar os tambores. Anuncie ao povo. Brelle, precisaremos de você. Por mais que seja um traidor, sua alma tem direito ao conforto final. Caberá a você assegurar isso. E, para que ele próprio possa testemunhar que lhe asseguramos isso, o senhor Franco de Médina se manterá em pé ao lado de seu caixão e ouvirá sua própria missa de réquiem, enquanto você a oficia... Depois disso, gafento, cuidado. Esses senhores costumam ser delicados. Não quero que uma só gota de sangue manche seu paletó. Boa viagem, senhor Franco de Médina.

Cena 6

HUGONIN:
Majestade, o Conselho de Estado está aqui e o povo também, ansiosos para apresentar suas queixas.

CHRISTOPHE:
E o que desejam esses senhores?

HUGONIN:
Suponho que venham dizer que estão fartos de comer bananas selvagens e mangas aguadas.

> [cantando]
> *Uma, duas, três e quatro*
> *Uma garrafa de rum*
> *Para os nossos tribunos*
> *E muito achocolatado*
> *Para o Conselho de Estado*
> *Para os peões macaxeira*
> *E pro nosso rei bicheira*

VASTEY:
Basta de brincadeiras, Hugonin, mas acredito, Majestade, que é chegado o momento de colocar em prática sua ideia de nomear alguém a quem seria confiada a tarefa de recolher petições, queixas e demandas.

CHRISTOPHE:
É inútil, Vastey. Deve haver apenas um pastor e um só rebanho. Mande entrar esses senhores, eu mesmo os receberei.

Entram as delegações.

CHRISTOPHE:
Senhores, fico contente em ver aqui reunida, nas pessoas dos representantes das diferentes classes que a compõem, a nação inteira.
Tanto melhor, pois o que tenho a lhes dizer interessa justamente à nação inteira. Ficou no passado a prontidão guerreira, é verdade, mas nossos problemas e nossas tarefas ressurgem com urgência ainda maior no campo da paz, e não é o ócio que tenho hoje a lhes anunciar, nada de ócio.

O PORTA-VOZ DOS CAMPONESES:
Majestade, uma piroga resiste ao mar, mas não navega sempre em mar revolto. Uma ceiba resiste ao vento, mas não está sempre a se dobrar ao vento. Seu povo está exausto!

CHRISTOPHE:
Velho, sua coroa de cabelos brancos lhe faz merecer alguma leniência, mas, compadre, não abuse: é um caminho perigoso o que você está trilhando!
E vocês do Conselho de Estado? O quê? Nem sequer uma pequena repreensão?

UM CONSELHEIRO DE ESTADO:
Majestade, o Conselho de Estado se vê como legítimo intérprete da voz do país ao trazer a Vossa majestade o tributo de sua admiração pela firmeza sem igual que empregou na defesa da causa haitiana e de nossa liberdade. Apoiando-se nas manifestações inequívocas do sentimento de nossos concidadãos, ela se assegura de que a nação possa ser recompensada por seu lon-

go esforço e acolhe a doce esperança de que todas as classes de nossa sociedade possam afinal desfrutar, à sombra de seu braço tutelar, do repouso que as fizeram merecer sua luta heroica e seu incansável labor.

CHRISTOPHE:
O incansável labor do Conselho de Estado! Chegamos a algo por fim!
A sério, eu execraria minha vitória se, para vocês, ela resultasse em inação.
Quem despertaria sua rocha negra,
fazendo retinir claro o seu som de homens?
Ora, entendam, eu não lhes darei quitação de si mesmos. Digam, pois, Conselho de Estado, vocês que são considerados a memória do reino, digam-me o que havia neste país antes da chegada do rei Christophe? E o que era do Conselho de Estado?

CONSELHO DE ESTADO:
Alteza, não havia Conselho de Estado.

CHRISTOPHE:
Não mesmo, não havia Conselho de Estado, apenas alguns negros encoleirados. Repitam...

CONSELHO DE ESTADO:
...encoleirados, Majestade.

CHRISTOPHE:
Nem isso sequer! Apenas merda, ouviram, apenas merda e nada mais!
Bem... Senhores, a verdadeira questão é que somos pobres e depende de nós sermos ricos; que temos fome e as terras estão

aí, somente esperando por braços e por nossa vontade. Bahon, Vallière, Mont Organisé, uma bela provisão de terras que mal foi desbravada. E o Artibonite, nosso rio nacional! Rossignol-Lachicotte, Rossignol-des-Dunes, Rossignol-du-Lagon, outrora as mais belas algodoarias do mundo, hoje uma degradação.

Ouviram? Tudo a ser refeito! Tudo a ser reconstruído. Tudo! Terra e água. Cavar a estrada. Revolver a terra. Conduzir a água. Vocês sabiam que o Artibonite — não apenas nosso rio nacional, diria mesmo nosso rio-pai — poderia se converter no Nilo do Haiti? E vocês pedem folga! E vocês acreditam que, em decorrência da paz conquistada, cada um poderá se esparramar em sua cadeira de balanço e, depois da sesta, sob a varanda de seus sonhos, entre duas goladas de pinga, fumar seu cachimbo?

Um *atoleiro*. Vocês conhecem isso que chamamos de *atoleiro*: um buraco imenso, um interminável caminho lamacento. Vocês conhecem o *atoleiro de Maurepas*, esse lodaçal denso, infinito justamente nas margens do Artibonite. E, neste século, é a chuva, a longa caminhada sob a longa chuva. Sim, no atoleiro, nós estamos no *atoleiro* da história.

Sair dele, para os negros, essa é a liberdade. E que diacho! Infelizes de vocês se acreditam que alguém lhes estenderá a mão! Então, vocês me ouviram? Não temos o direito de ficar exaustos. Vão embora, senhores!

As delegações saem.

CHRISTOPHE:
Esperem! Eu disse "vão embora", mas não assim! Vejamos! Tragam pás e picaretas para esses senhores. Conselho de Es-

tado, pá e picareta sobre o ombro direito! Vamos lá. Vamos... Ponham-se ordem! Pá! Picareta! Um, dois! Um, dois! Avante, marche!

Sai o Conselho de Estado, em formação bizarra e armados com ferramentas agrícolas.

CAMPONÊS:
[*remoendo-se*] Cá entre nós, o tio não anda muito bom. O atoleiro, que ideia estúpida caminhar pela lama. Um atoleiro a gente contorna. Todo mundo sabe disso. O atoleiro é uma armadilha. Bastaria passar à direita ou à esquerda do lodaçal e seguir pelo rio ou atravessar o rio. O tio tinha só que saber dos rios.

CHRISTOPHE:
O que você está ruminando, velho? Vamos, siga seu rumo! Veja bem, arranjei mão de obra para você!

O camponês se retira gargalhando.

Cena 7

CHRISTOPHE:
Prézeau!

PRÉZEAU:
Aqui estou, Majestade!

CHRISTOPHE:

[*em solilóquio*]

    Falsas palavras

    Lábios falsos

    Coração dissimulado

    Língua toda ensalivada

    Postura ambígua!

    Homens? Pff!... Sombras, isso sim!

    Minha corte é um teatro de sombras.

    Mas leio no quadro-negro tudo o que está escrito

    Dentro de seus espessos crânios!

        Onde está Prézeau, afinal?

PRÉZEAU:

Às suas ordens, Majestade!

CHRISTOPHE:

Ah! Eh... é a respeito de Brelle.

    Eu o nomeei arcebispo, mas ainda lhe falta a investidura canônica! Encarreguei Péletier, que se encontra em Londres — e que, diga-se de passagem, me custa bem caro em açúcar e café — de enviar uma mensagem ao papa tratando desse assunto. E o Santo Padre não responde! Em suma, Brelle está em situação irregular! Isso é muito... muito... irritante, Prézeau! O que você acha?

PRÉZEAU:

É muito, muito irritante, Majestade.

CHRISTOPHE:

Em vista disso, pode-se mesmo questionar se Brelle é realmente arcebispo, hein, Prézeau?

PRÉZEAU:
Pode-se mesmo questionar isso, Majestade.

CHRISTOPHE:
Ah! Isso não tem importância. Minha nomeação vale tanto quanto a consagração do papa. O irritante, Prézeau, é que Brelle está ficando velho. Ele escreve muito. Fala muito... Muito mais do que exige o bem do Estado.

PRÉZEAU:
Estou às suas ordens, Majestade.

CHRISTOPHE:
É um velho, Prézeau, e um velho companheiro.

PRÉZEAU:
Um velho companheiro, Majestade.

CHRISTOPHE:
Ele fala demais, Prézeau. Ele escreve muito. Mas nada de sangue. Sem sangue. Em sua boa morte. Em seu leito... É um velho... Suavemente... Suavemente. Prézeau, seja rápido. [*cada vez mais rápido e cada vez mais forte*] Mande murar as portas e janelas do arcebispado. Todas. Mure. Mure. Não deixe nada aberto, nem mesmo uma fresta. Vá! Darei a Brelle o mais belo túmulo arquiepiscopal do Novo Mundo!

Cena 8

Cenário: a Cidadela. Trabalhos faraônicos.

CONTRAMESTRE:
[*cantando*]
>   *Meninotes ou velhos*
>   *Tod'as velhas charretes*
>   *Tod'os velhos machetes*
>   *Tod'os touros sem corno*
>   *Tod'os negos no morro*

E então? Ninguém vai repetir o refrão? Vocês não querem trabalhar ou o quê? Acreditem, é pelo próprio bem de vocês que falo, isso sim!

TRABALHADORES:
[*cantando, exaustos*]
>   *Isso há que se ver*
>   *Mas eu já me vou*
>   *Pro meu bangalô*

CONTRAMESTRE:
É bem o momento de cantar a Mazonne.[38] A qualquer momento, o grandioso pode aparecer por aqui. E aí, rapazes, terei dó de vocês!

---

38. N. da T. *La Mazonne* ou *le Mazon*: canção de despedida, entoada no momento de iniciar a folga do trabalho. Também utilizada na ritualística vodu para se despedir de um loá (*lwa* em *kreyòl*: espírito ou divindade).

TRABALHADORES:
[*cantando, exaustos*]
  Isso há que se ver
  Mas eu já me vou
  Pro meu bangalô

Entram Christophe e seus familiares.

CONTRAMESTRE:
Majestade, devo dizer que não tem mais como aguentar, com um tempo como este. Talvez fosse adequado pensar em recolher as equipes. Está ventando a ponto de arrancar os chifres dos bois.

CHRISTOPHE:
É o tipo de coisa que se encontra muito por aí, bois que não deixam os chifres serem arrancados. Espere, vou mostrar como trabalha um negro que se preze.

Lança mão de uma pá de pedreiro e se põe a trabalhar.

TRABALHADORES:
[*cantando, exaustos*]
  Por comermos desse pão
  Não nos acontecerá
  De alguém se satisfazer
  Quanto menos nos matarmos
  Menos hemos de morrer

CHRISTOPHE:

Não gosto nada dessa cantiga de escárnio.[39] Não é hora de *morrer*, mas sim de *fazer*, entenderam?

> [*cantando*]
> *Se o seu senhor não é bom*
> *É bom o Nosso Senhor*
> *E o Haiti é dos haitianos*

CONTRAMESTRE:

Majestade, o difícil é trazer os blocos até o topo. O aclive é íngreme e escorregadio: doze graus por metro. Já coloquei lá no alto uma equipe de cem homens. E não adianta.

CHRISTOPHE:

Mande cinquenta deles saírem das fileiras: assim funcionará melhor.

CONTRAMESTRE:

> Ho, puxem!
> Ho, puxem!

TRABALHADORES:

[*cantando*]
> *Não me lave a cabeça, papai*
> *Não me lave a cabeça, mamãe*
> *O suor cuida disso, papai*
> *A chuva cuida disso.*

---

39. Canção satírica que dita o ritmo do trabalho coletivo. N. da T. Referida no original como *chanson-pointe*, optou-se pela aproximação à forma satírica luso-galega da cantiga de escárnio.

O tempo foi ficando cada vez mais carregado. Chuva, relâmpagos e trovões.

CHRISTOPHE:
É um homem que foi à guerra que lhes fala e assegura que, na hora da retirada, o menos estranho é fugir de morro em morro, de matagal em matagal. Foi por isso que decidi dar a meu povo este belo alarde de pedra contra as afrontas, esse belo cão de pedra cuja mandíbula sem par desencorajará a alcateia de lobos.

HUGONIN:
E, se eles vierem, até mesmo os franceses, o que receberão sobre o paletó? Tomates? Mangas? Seriguelas? Não e não! Umas belas bolotas de ferro na barriga, a bela metralha do papai Christophe e belas saraivadas de fogo aberto em seu maldito cu branco.

Estrondo de trovoadas e de explosões. Espetáculo de confusão.

CHRISTOPHE:
Mas o que é que há? Hein? O clarão? Vamos lá, rapazes. Não temos hoje tempo a perder com fogos de artifício. Contramestre, faça rufar os tambores. Bata e sopre, a plenos braços e a plenos pulmões: a grande buzina,[40] para o canhão falar ao trovão e dizer que doravante trataremos de igual para igual; o címbalo para contrapor o clarão com clarão; a corneta de concha-rainha, nossa concha visceral, para desencadear contra a violência cega a

---

40. [No original] *Vaxine*, instrumento musical feito de uma haste de bambu, cujo nome é derivado do termo em espanhol para buzina: *bocina*.

violência mais resoluta de nossos peitos, mais vívida, vamos lá, mais vívida; o pequeno atabaque de *rabòday*[41] para chicotear as chuvas e fazer a nuvem saber que a deixaremos em carne viva para libertar o sol.

AJUDANTE DE ORDENS:
Majestade, um raio caiu sobre o depósito de explosivos: o edifício do Tesouro foi destruído; o governador do local e uma parte da guarnição estão soterrados sob os escombros.

CHRISTOPHE:
Rapazes, coragem!
É uma batalha como qualquer outra!
Agonglo![42]
Todas as folhas serrilhadas
reunidas em torno do coração
o abacaxi resiste.

É assim que o rei do Daomé saúda o futuro

---

41. N. da T. Pequeno tambor cilíndrico de duas peles. Designa igualmente o ritmo rápido com que se executa o instrumento, como se se tratasse de uma "abordagem". A *rabordaille*, em francês, ou *rabòday*, em *kreyòl*, representa a tradição do desfile de máscaras dos grupos de foliões que seguem a pé o desfile de carnaval. Designa igualmente a música e a dança associadas a esse desfile. Entre os poemas do autor reunidos em *Cahier d'un retour au pays natal*, encontra-se um intitulado *Rabordaille*, que evoca o passo da dança como ilustração algo nostálgica da condição do homem que, de retorno à terra natal, se vê lançado de volta à infância.

42. N. da T. Agonglo é o nome tradicional atribuído ao oitavo rei do Daomé, que reinou de 1789 a 1797. Adotou como insígnia o abacaxi e como mote correspondente a máxima: "O raio atinge a palmeira, mas não o abacaxi". Nas diversas variantes dos *créoles* caribenhos, seu nome é invocado como uma espécie de interjeição, com o intuito de instigar a si mesmo ou aos outros a manter a cabeça erguida, a enfrentar os obstáculos e a resistir a adversidades.

de seu cetro![43]

So yé djé:[44] o raio cai!

Agonglo: o abacaxi resiste!...

[*brande sua espada contra o céu*]
São Pedro, São Pedro, quer
guerrear conosco?

FIM DO SEGUNDO ATO

---

43. N. da T.: No original, *récade*, também chamado de *makpo*, é o nome dado ao cetro real do Daomé. A palavra tem sua origem no termo português "recado". Como símbolo da autoridade monárquica, também se aplicava ao bastão entregue ao mensageiro que portava uma mensagem do rei, para assegurar ao destinatário sua autenticidade.
44. N. da T. Em *kreyòl matinik*, crioulo martinicano.

SEGUNDO ENTREATO

Paisagem rural haitiana. Uma lavoura. Fim do dia. Camponeses trabalhando: enxadas e facões.

PRIMEIRO CAMPONÊS:
Salve, senhor Pierrô Paciência! É ao senhor que me dirijo!

SEGUNDO CAMPONÊS:
Salve, senhor Júpiter Taco.

PRIMEIRO CAMPONÊS:
Eu me dizia que já trabalhamos o bastante até aqui e que um golinho de refresco não nos faria nenhum mal ao atravessar a garganta.

SEGUNDO CAMPONÊS:
Eu me dizia a mesma coisa, compadre Júpiter, por mais que me espante não ter escutado o sino.

PRIMEIRO CAMPONÊS:
Com ou sem sino, senhor Paciência. A respeito de onde foi parar o sino, digo que tem alguma coisa desconjunta no mecanismo que faz este reino funcionar.

SEGUNDO CAMPONÊS:
Às vezes, compadre Júpiter, eu me pergunto onde você vai buscar tudo isso que você encontra. Palavras como essas não deveriam cair no ouvido de qualquer um.

PRIMEIRO CAMPONÊS:
Senhor Pierrô Paciência, tenho a impressão de que os Reais têm mais a fazer por estes dias do que ficar bisbilhotando nossas conversas da estrada. Os Reais e o rei, todo rei-do-porrete que ele é.

SEGUNDO CAMPONÊS:

As coisas mudam... As coisas mudam. Você acredita na liberdade daqueles outros, na República... na música que eles tocam?

PRIMEIRO CAMPONÊS:

Para lhe dizer a verdade verdadeira, compadre Paciência, minha amizade é com a terra. Acredito na terra que trabalho com meus braços e que o grande rei não quer dar aos nossos braços.

SEGUNDO CAMPONÊS:

Parece que pouco a pouco ele vai chegar nisso. Ele começou a dar praqueles que servem às armas, às armas e à bandeira: um *carreau* por soldado, vinte por coronel.[45]

PRIMEIRO CAMPONÊS:

Pois bem, pois bem, e quem disse que nós não somos do exército?

SEGUNDO CAMPONÊS:

Às vezes eu me pergunto, senhor Júpiter, quando o humor lhe chacoalha a cachola, aonde é que você vai pescar essas palavras mordicantes. Do exército, nós! Do exército!

PRIMEIRO CAMPONÊS:

Somos do exército sofredor, senhor Paciência... de verdade, todos coronéis do exército sofredor, e é de verdade que lhe digo que, quando este exército tiver perdido a paciência, senhor Paciência, eles lá no castelo receberão o que merecem.

---

45. N. da T. O *carreau* é uma unidade de medida fundiária que foi utilizada historicamente nas colônias francesas no Caribe e que se preservou até os dias atuais, apesar das medidas distintas que comportava em cada colônia. Em Saint-Domingue, correspondia a cerca de 1,29 ha. Corresponderia, *grosso modo*, à área de um quadrado com 100 passos de cada lado.

SEGUNDO CAMPONÊS:
Pois bem... Se é o que você está dizendo, compadre! No fim das contas, pode bem ser que você tem razão, camarada Júpiter: tem alguma coisa desconjuntada neste reino.

[*voltam ao trabalho, cantando*]:

Ago, Ago...

TERCEIRO ATO

Cena 1

Palácio real. Salão de recepções e de festas.

O ANCIÃO:
Vejam... vejam... que beleza de plateia... que beleza de plateia! Nada me satisfaz mais do que ver todos esses nossos negros com mantos de seda e florestas de plumas sobre a cabeça; azuis, vermelhas, brancas.

HUGONIN:
Muito bem dito, ancião, mais vale levá-las sobre a cabeça do que as trazer no traseiro, como nossos ancestrais.

O ANCIÃO:
[*animado*] Venham ver, detratores de nossa espécie, nossos bons modos e nosso caráter...

HUGONIN:
Acostumem-se, é um pequeno ataque de eloquência que o acomete a cada festividade.
　Perfeitamente, velho pai, nós o escutamos...

O ANCIÃO:
[*cada vez mais animado*] ...e ousem dizer que não somos dignos da liberdade... E, vocês, filantropos de todos os países, vocês que são estranhos aos preconceitos, que reconhecem em nós a marca de um mesmo criador, regozijem-se ao ver os objetos de sua predileção responderem tão plenamente aos olhares benfazejos que vocês nos dedicam!

HUGONIN:

Excelente, velho pai... É excelente e aprecio especialmente o tom patriótico com que, em sua voz, retumba o rum e retine a pinga.

CHANLATTE:

Tudo muito belo, amigo. Mas eu já disse isso outrora em um linguajar mais inspirado:
>[declamando, com o copo na mão]
>Inimigos ferozes de triunfantes direitos
>Renegai vossos erros! Renunciai vosso intento!
>Que importam os venenos de uma inútil e vã ira?
>Vosso ímpeto inerte já não surtirá efeito
>Sobre o augusto rochedo que suporta esta ilha.
>Contra Netuno em vão se ergue a fúria dos ventos
>Basta um olhar desse deus e o mar silencia.

Por falar de plano e de veneno, diga lá, Hugonin, você que sabe de tudo, quais são as novas de Pétion?

HUGONIN:

Eu lhe asseguro que o futuro presidente Boyer continua bem. Tão bem que vem até se questionando se um dia destes não nos dará uma lição em nossas fronteiras.

CHANLATTE:

Que homem irritante. Eu falo de Pétion e ele me responde sobre Boyer.

HUGONIN:

Você conhece a senhorita Joute, a amante de Pétion. De repente, o jovem Boyer se revelou um rude justador. De tanto voltear em torno da moça, ele entrou abertamente na disputa. Engalfinhando-se com força e deleite, golpeando não com o fio da espada, mas com a ponta da lança, ele se saiu melhor que Pétion — o qual, tendo perdido tudo, agastado e exausto de toda essa ferroada, parece agora o Cavaleiro da Triste Figura

— E foi assim! *Despido de rodela*
Chorou feito bezerra.[46]

Entra um grupo, conversando.

TROU BONBON:
Pelo amor de Deus, estou acostumado com a fantasia real, mas vai além do normal: é verdade que o povo, com o pescoço ainda duro e as costas quebradas pela Cidadela há pouco concluída, foi logo a seguir convidado a dar sua contribuição patriótica à edificação, em algum canto perto de Crête-à-Pierrot, de um novo castelo? E que castelo! Um castelo das mil e uma noites.

MAGNY:
Você deveria dizer dos mil e um dias, mas você sabe que sempre se exagera. Não passarão de 365 dias. Está escrito com todas as letras na Gazeta.

---

46. N. da T. O verso citado foi extraído da Suíte "Le mauvais gîte" (O mau abrigo) da Sátira XI do poeta satírico do barroco francês Mathurin Regnier (1573-1613): "...y perdant sa rondache ... ploré comme une vache". Originalmente publicadas em 1608, suas sátiras são emulações da satírica latina de Horácio e do burlesco italiano de Francesco Berni. Celebrizaram-se no século XVIII em razão de sua reedição em 1733, acompanhada de ilustrações dos mais célebres artistas franceses da época. *Rondache* era um escudo metálico medieval de formato circular e de tamanho médio, utilizado para o combate corpo a corpo. Seu formato arredondado e convexo, convergindo para uma protuberância central, induz à alusão ao contorno de um robusto seio feminino.

Tome e leia: um palácio para um Congresso que reunirá todos os soberanos do mundo que se dignem a dar um pulinho até o Haiti. Em suma, um palácio de eféméride para um congresso ecumênico!

VASTEY:
Meu Deus, por que não? Nuvens delirantes sobre a cabeça e, aos nossos pés, a baba viscosa vomitada por dois mundos, vejam onde Deus nos colocou! As costas atadas ao Pacífico, diante de nós a Europa e a África; de um e de outro lado, as Américas! Na confluência de todas as marés do mundo, no entroncamento de todos os fluxos e de todos os refluxos, existe — e de todas as partes deste mirante se descortina o formidável espetáculo! — existe esta invulgar concreção atlântica!

MAGNY:
Senhor Grande Almirante, o senhor ainda não tem barco para formar sua armada, mas pode ficar tranquilo: o próprio Haiti é um grande barco, diria até, com maior precisão, uma grande galera

e

toda a tripulação acometida de calentura![47]

HUGONIN:
Alerta! Tapem as bocas![48] O rei!

---

47. N. da T. Febre delirante que acometia os navegantes das zonas tropicais e os levava a se lançar ao mar, que enxergavam como uma campina verdejante.
48. O *tap* era um pedaço de linho que pendia por um cordel à volta do pescoço dos galerianos e que se lhes enfiava na boca na iminência dos combates para os impedir de gritar. N. da T. Possivelmente uma derivação caribenha do francês *tape*, de mesma raiz latina (*stuppa*) que o termo português *estopa*, indicando o aglomerado linhoso utilizado nos navios para tapar a boca dos canhões ou fechar os escovéns, as aberturas de ambos os lados do costado de proa por onde passam cabos e correntes.

Passam mulheres.

PRIMEIRA DAMA:
Você está deslumbrante, querida, e como está! Um encanto de vestido, uma magnífica cor de xale!

SEGUNDA DAMA:
Nem me fale! Ao vir para cá, pensei que morreria de medo! Chegando ao palácio, coloquei o pé no primeiro degrau e eis que vejo, quase a me esbofetear o rosto, uma ave frisada:[49] em plena luz do dia, um desses pequenos gaviões noturnos de mau agouro. Pus-me a correr. Cai e me levantei. Outros me imitaram. Um verdadeiro pânico. Um sentinela chegou até mesmo a disparar um tiro.

TERCEIRA DAMA:
Eu, numa situação dessas, recito uma prece, sempre a mesma, sempre funcionou, vocês sabem como é, basta repetir três vezes o mais rápido que puder:
Janmin janmin Ti Kitha Poun'goueh
Janmin janmin Ti Kitha Poun'goueh
Janmin janmin Ti kitha.[50]

---

49. N. da T. No original, *frisé*.
50. N. da T. Na tradição *Guinin* ou *Ginen* da ritualística vodu, também chamada de tradição africana, essa fórmula de invocação cerimonial roga pela proteção do loá tutelar Kitha. É entoada em *langaj*, considerada a língua secreta dos loás. Na grafia antiga utilizada por Césaire para a transcrição, a invocação completa seria: *Janmin, janmin, Ti Kitha Poun'goueh / O, salue moin! Gangan moin, Bacaya Ba-Ka.* Cf. Milo Rigaud, *La tradition voudoo et le voudoo haïtien (son temple, ses mystères, as magie)*. Paris: Niclaus, 1953, p. 375.

Silêncio.

UM ARAUTO:
O rei!

Entram o rei e a rainha, precedidos dos pajens africanos, vestidos com seus trajes tribais.

CHRISTOPHE:
[*dirigindo-se aos presentes*]
    Estimados e devotados
    Vocês são a grande família haitiana
    e que lugar é melhor que o seio da
    família?

[*risos. Christophe entoa o cântico de Grétry,*[51] *repetido em coro por todos os cortesãos*]
    Que lugar é melhor
    que lugar é melhor

---

51. N. da T. Conhecida pelo primeiro verso *Où peut on être mieux qu'au sein de sa famille*, essa canção era frequentemente entoada em meio às fileiras do Grande Exército Imperial de Napoleão. Passou a ser uma espécie de hino nacional oficioso do Reino da França durante os períodos da Primeira e da Segunda Restauração, de 1815 a 1830. Nesse período, a canção era executada sobretudo para anunciar a presença da família real. A letra foi extraída da peça *Lucile*, de Jean-François Marmontel, encenada em 1769. A melodia foi composta pelo músico belga André Grétry. Após o fim da Restauração, o título da canção passou a ser utilizado como referência satírica ou irônica ao Antigo Regime. Os versos originais são: *Où peut-on être mieux / où peut-on être mieux / qu'au sein de sa famille? / Tout est content / Tout est content / Le coeur les yeux / Le coeur les yeux / Vivons gaiement, vivons gaiement* / Comme nos bons aïeux / Comme nos bons aïeux*. *A letra original era *Vivons, aimons*.

que o seio da família?
Tudo a nosso favor
Tudo a nosso favor
Olhos e corações
Olhos e corações
Vida plena e amor
Vida plena e amor
Qual velhas gerações
Qual velhas gerações

[risos. Christophe apresenta aos cortesãos os pajens africanos]
Délivrance, La Couronne, Valentin, John, Bien-Aimé,
órfãos, desmamados das duas tetas
sim, minha grande amiga
vermelho, amarelo, verde
quanto mais cruel foi a madrasta Fortuna
com eles
tanto mais quis eu cobri-los
com as jubilantes cores de meu favor.
Meus Mandingas! Meus Congoleses!
Eu os resgatei do traficante de escravos,
redimi-os da infâmia
e para que cada um saiba do deleite que sinto por eles
criei para eles um título que assim os proclama:
"Bombons Reais".

UMA DAMA:
É preciso reconhecer que Bombons Reais é adorável!

CHRISTOPHE:
Encantadoras damas, não se emocionem. Saibam que vocês também são, uma ainda mais que a outra, nossos bombons reais, as delícias de meu reino.

Entram o general Guerrier, duque de l'Avancé, e sua esposa.

CHRISTOPHE:
E, falando no assunto, eis que chega minha bela Guerreira.
Mais bela do que nunca e surpreendida por seu Rei
a praticar infidelidades com seu marido general!
[rindo] Meu caro Guerrier, para me livrar
de você,
não me resta senão condená-lo aos grilhões de
rigor
da Cidadela.

GUERRIER:
Majestade, estou tranquilo, minha mulher é virtuosa e eu, para vós, sou pouco mais que um sopro de ar, se bem que tenho a certeza de que os pequenos Guerriers serão pequenos guerreiros — para lhe servir e defender a Coroa!

CHRISTOPHE:
Bem respondido, meu duque. Muito bem, não é por um pequeno gracejo que vamos nos desentender. Compadre, temos ainda — não é verdade? — muitas coisas a fazer juntos. Saiba que as coisas se movem na região de Saint-Marc. Será preciso abrir os olhos para o que ocorre por lá.

GUERRIER:

Mal sabem eles... Será uma mão nada leve que os esmagará, Majestade.

CHRISTOPHE:

Obrigado, compadre, obrigado... E vocês, Vastey, Magny, meus caros amigos, o que há de novo? Do que têm tratado?

MAGNY:

Ah, tratávamos, Vastey e eu, da... da questão das terras, Majestade!

CHRISTOPHE:

Ora, vejam só!... Pois que existe, então, uma questão de terras?... E o rei a ignorava! Não é curioso?...

MAGNY:

Na minha opinião, Majestade, ela se apresenta com certa urgência. Ainda mais que os agentes de Pétion vão por todos os lados disseminar a notícia de que ele decidiu vender aos particulares as propriedades do Estado.

CHRISTOPHE:

Ora, que venda, que venda!

E quem as comprará? Os generais? Os ricos? Os camponeses? Se são, pois, os ricos, lamento pelo povo! E se são os camponeses, lamento pelo país! Vejo daqui a anarquia do painço e da batata-doce no loteamento miúdo.

Mas chega de besteiras! Além disso, Magny, considero que, para um general, você pensa demais... [com um tom ameaçador] repito, demais da conta!

Mas aqui está nosso novo arcebispo, Monsenhor Juan de Dios!

Entram novos grupos de convidados. Entre eles, o novo arcebispo, Juan de Dios Gonzales, que se aproxima do rei.

HUGONIN:
Ah, não gosto nada disso! Não gosto nada disso!

CHRISTOPHE:
Hugonin, que é que você está resmungando aí?

HUGONIN:
Disse que não gosto de ver o Meu Senhor rodeado por um Monsenhor. Olhe para ele: quando aqui chegou, tomei-o por um jaburu,[52] tão achatada era sua barriga. Minha senhora, veja o que fazem os grãos-de-bico espanhóis! Mas era, na verdade, um biguá.[53] E agora veja: empanturrado, rechonchudo, inflado com a importância de seu cargo e com geleias ao marasquino, ele vem comer à mão de nossas damas!

UMA DAMA:
Não fale mal do Monsenhor, Senhor Hugonin. Se o senhor tivesse mais fé e frequentasse a missa, saberia como é esplêndida a voz grave que ele tem.

---

52. N. da T. No original, *coulivicou*, pássaro da ordem dos ciconiiformes. Possui corpo adelgaçado e bico alongado. Seu porte esguio e seu habitat alagadiço fizeram com que fosse associado a um temperamento taciturno. "Magro feito jaburu" (*Maig conm yon coulivicou*) se tornou uma comparação proverbial no *kreyòl matinik* para descrever a aparência de alguém combalido ou emaciado.
53. N. da T. Também chamado de cormorão. Ave pelicaniforme, de corpo parrudo, plumagem escura, bico estreito e adunco, cauda e pescoço longos.

JUAN DE DIOS GONZALES:

[*dirigindo-se a Christophe*] Tomo a liberdade de recordar a Vossa Majestade que, dentro de quinze dias, teremos a festa da Assunção. Posso aguardar que, unido a toda a população do Cabo, Vossa Majestade engrandecerá com sua real presença nossa cerimônia, uma das mais importantes da Igreja Romana?

CHRISTOPHE:

No Cabo? Nesta época, faz bastante calor por lá.

JUAN DE DIOS GONZALES:

Majestade, uma festa como essa não pode ser celebrada dignamente senão na Catedral e em uma Metrópole.

CHRISTOPHE:

Ah, você sabe que a Catedral estará onde você estiver e a Metrópole vai aonde eu vou!

JUAN DE DIOS GONZALES:

Certamente, Majestade, certamente. No entanto, somente no Cabo poderemos ter toda a pompa necessária.

CHRISTOPHE:

Juan de Dios, no dia quinze de agosto, estarei em Limonade e em nenhuma outra parte. Se Nossa Senhora quiser ser festejada, basta que ela me acompanhe.

JUAN DE DIOS GONZALES:

Majestade, permita-se insistir...

HUGONIN:

[*interrompendo-o*]

[*falando em espanhol*] Padre, padre, por favor, no insista. Caramba!

Você tem a cabeça mais dura que uma pedra? Se *la Virgen de la Caridad* nos ama, que ela nos acompanhe até Limonade! Em espanhol, Limonada... [*novamente em espanhol*] Comprende usted esta palabra?

Cena 2

Igreja de Limonade. Festa da Assunção.

JUAN DE DIOS GONZALES:
[*oficiando a cerimônia*]
    Sancta maria, ora pro nobis
    Sancta Dei genitrix, ora pro nobis
    Mater Christi
    Mater divinae gratiae

CHRISTOPHE:
    Herzulie Freda Dahomey[55]
    ora pro nobis

---

54. N. da T. Herzulie, Erzulie ou Èzili é um loá do vodu que se manifesta por diversos avatares. No rito Rada, originário do Daomé e cujo panteão congrega os loás tradicionalmente considerados os mais antigos e os mais benevolentes, assume o aspecto de Èzili Freda. Tida como o espírito do amor, é frequentemente representada como uma voluptuosa e insinuante mulher de pele clara, coberta de adornos e envolta em aromas perfumados. Ao mesmo tempo que é associada às prostitutas, em razão do caráter tumultuado de suas vinculações amorosas (concubina de Damballa e amante de Ogun e Guédé), é também assimilada à figura da Virgem Maria, mais especificamente a Nossa Senhora das Dores, cuja iconografia é inteiramente absorvida em seu culto (véus brancos e azuis, coroa dourada cercada de corações). Outros de seus avatares incluem: Èzili Dantò ou Erzulie D'en Tort (guerreira e protetora das crianças e das mu-

JUAN DE DIOS GONZALES:

Rosa mystica

Turris Davidica

Turris eburnea

CHRISTOPHE:

[*gemendo*]

Loko, Petro, Brisé-Pimba

todas as divindades do raio e do fogo[55]

---

lheres, patrona das lésbicas, iconograficamente associada à imagem da Virgem Negra de Czestochowa), Grânn Erzulie ou Gran Èzili (a avó tutelar, protetora das mulheres idosas), Erzulie Gé Rouge ou Èzili Je Wouj (chamada de "a Vermelha", de olhos avermelhados, a amante ciumenta), Èzili Mapyang (a amante violenta, vingativa e maléfica), Èzili Kaoulo (a amante colérica e furiosa).

55. N. da T. Loko é o espírito da vegetação e o guardião dos santuários. Associado às árvores, confere propriedades terapêuticas às suas folhas. Simbolizado pelas cores vermelha e branca, é frequentemente retratado sob a forma de uma borboleta. Reconhecido por sua intolerância à injustiça, é invocado para julgar disputas e proferir sentenças. Assume a forma do vento e é capaz de escutar os segredos transmitidos em conversas íntimas.

Petro (*Petwo*) é o rito vodu mais recente, forjado a ferro e fogo durante o período da dominação colonial. Sua nação congrega, pois, os espíritos criados no Novo Mundo, originários de Saint-Domingue, que refletem a fúria violenta da resistência à escravidão. São os loás mais impetuosos, com frequência agressivos e belicosos. É simbolizado tradicionalmente pela cor vermelha. Enquanto o rito Rada é celebrado com batuques e danças cadenciadas, o rito Petro se caracteriza pelas batidas sincopadas. Existe uma vertente chamada de Petro selvagem ou Bizango, com cerimônias celebradas exclusivamente na escuridão da noite, com batuques radicalmente sincopados e que se popularizaram no imaginário ocidental como um ritual de invocação ou adoração de forças malignas sujeitas ao domínio do *djab*, o demônio. O raio e o fogo são tidos como insígnias da nação Petro.

Brisé-Pimba é o loá das montanhas e acidentes do relevo, patrono das florestas. De aparência feroz e impetuosa, sua pele é de um preto bem escuro e as proporções de seu corpo são amplas e aterradoras. A despeito da aparência, Brisé é de um temperamento doce e profundamente afeito às crianças. É um espírito tutelar de imensa força e predisposto a dispensar proteção mesmo em face das mais assombrosas ameaças. Assume com frequência a forma de coruja.

JUAN DE DIOS GONZALES:
> Regina Angelorum
> Regina Patriarcharum
> Regina Prophetarum
> Regina Apostolorum

CHRISTOPHE:
> Zeïde Baderre Codonozome![56]
> (Ah, essa chega a ficar de pé à boca
> de nossos canhões para guiar nossa pontaria —)
> Ora pro nobis

JUAN DE DIOS GONZALES:
> Agnus Dei qui tollis peccata mundi
> > parce nobis
> Agnus Dei qui tollis peccata mundi
> > exaudi nos Domine
> Agnus Dei qui tollis peccata mundi

CHRISTOPHE:
> Miserere, miserere
>
> [*como se tivesse visto um fantasma*]
> Mulher, não tenha medo
> Um homem que desafiou São Pedro
> não terá medo de um corvo rouco
> que passe voando diante de seu sol!
>
> [*ameaçando uma aparição invisível*]
> São Toussaint morto por nossos pecados
> > parce nobis

---

56. N. da T. Loá tutelar da artilharia.

São Dessalines morto em Pont Rouge
   qual um deus traído e emboscado
como que vomitado pela aterradora fissura
   o fogo negro da terra
ao desafiar com seu trovão a conspiração de
cinco mil braços[57]
   miserere
   miserere nobis.

O fantasma de Corneille Brelle aparece no fundo da igreja.

---

57. N. da T. Pont-Rouge (ou Ponte Vermelha) é uma localidade situada na entrada norte de Porto Príncipe, onde, em 17 de outubro de 1806, Jean-Jacques Dessalines, em meio às tensões suscitadas pela reforma agrária que promoveu em favor dos ex-escravos, foi assassinado, vítima de um atentado a tiros atribuído a uma conspiração patrocinada por seus principais tenentes nas províncias do Oeste e do Sul (Alexandre Pétion, Jean-Pierre Boyer e André Rigaud) e intermediada por Bruno Blanchet, da qual também teria participado Christophe. Anteriormente chamada de Pont Larnage, a localidade recebeu a alcunha de Pont-Rouge em decorrência do atentando contra o imperador. Popularmente, a execução imediata do atentado é atribuída aos oficiais mulatos que acompanhavam o imperador em sua marcha rumo a Porto Príncipe para a supressão de uma revolta liderada por outros mulatos. Os cinco mil braços fazem referência à Legião de Honra instituída por Dessalines em 1804, por pressão dos grupos terratenentes e do oficialato do exército, que se ressentiam pelo fato de o imperador jamais ter criado uma corte imperial ou distribuído títulos de nobreza. A legião de honra era composta por cinco mil homens e nela ingressariam todos os oficiais acima da patente de chefe de batalhão. Para completar o efetivo de cinco mil homens, parte de sua guarda pessoal também recebeu a distinção, muitos dos quais o acompanhavam no momento de seu assassinato e se aliaram aos conspiradores. A imagem apresentada pelo autor também congrega diversos elementos do hermetismo simbólico do vodu, como o trovão, a fissura na terra e o fogo negro, todos atributos de aspectos assumidos pelo loá Ogun, Ogum ou Ogou, em especial Ogun-Changô, Ogum-Xangô ou Ogou Chango, que era a divindade tutelar de Dessalines em vida, à qual ele sempre invocava em situação de combate, e que, após sua morte, passou a ser assimilada à sua figura marcial.

JUAN DE DIOS GONZALES:
Oremus. Concede nos famulos tuos, Domine perpetua menlis et corporis sanitate gaudere.

CHRISTOPHE:
[*colocando-se em pé e interpelando rispidamente o sacerdote*] Juan de Dios, padre da Igreja Romana, que tipo de missa é essa que você está oficiando?

JUAN DE DIOS GONZALES:
Corneille Brelle!

Vai ao chão.

CHRISTOPHE:
[*também se abaixando e buscando se proteger, gemendo*] Pela força do trovão! Quem, quem foi que invocou sobre mim o Bakulu Baka?[58]

Cena 3

Em Limonade. Câmara da sacristia. Christophe estirado, de olhos fechados. O médico e o séquito de Christophe. Escutam-se fragmentos do canto de um coro distante.

---

58. Bakulu Baka é uma divindade maligna do rito Petro. N. da T. Sua manifestação visível carrega correntes e é considerado um loá tão aterrorizante que não se ousa fazer sua invocação e não se admite possessão por ele. Habita as florestas, onde recebe oferendas, uma vez que o temor que suscita impede que seja invocado para recebê-las.

Rainha celestial
Dos infernos de negrura
Rompa todas as cadeias
Mate as chamas que incendeiam
A atroz e cruel fornalha
Salve a nós de sua fúria

INTENDENTE, O MÉDICO:
Madame, ele sobreviverá, em vista de sua compleição fora do comum, mas minha probidade me proíbe de lhe ocultar a verdade: ele ficará paralítico pelo resto da vida. Leve em consideração a sobrecarga de trabalho, a fadiga, a tensão nervosa, também a grande comoção sentida...

CHRISTOPHE:
[*abrindo os olhos*] Paralítico... Intendente, vejo que não posso contar nem com sua ciência e nem com a própria Ciência!

INTENDENTE:
Majestade, já é muito que tenhamos conseguido impedir um desfecho fatal... Graças aos céus, todo o perigo agora já está descartado.

CHRISTOPHE:
Desfecho fatal... desfecho fatal... Curioso abuso das palavras... Existe algo mais fatal que um homem traído pela natureza imbecil, e que continua vivo? Uma vida que apenas sobrevive? Intendente, não sou tolo a ponto de acreditar naquilo que me contam meus cortesãos. Não sou rei nem pela graça de Deus nem pela vontade do povo, mas por vontade e graça de meus punhos. Ah, como eu preferiria o talho certeiro do matadouro! A clava da

Morte! O animal reduzido à sua plena negação. E vocês, vocês, vocês permitem que esta fraude se perpetue! Este atentado contra o Destino! Essa violação da natureza. Assassinos! Assassinos! Cúmplices de assassinos! Eis que todos vocês permitiram que o futuro fosse assassinado.

CORO DISTANTE:

> *Astro dos mares*
> *Das frotas agres*
> *Acalme a vaga espumante*
> *Expulse a morte*
> *E leve a bom porto*
> *Nosso navio vacilante*

CHRISTOPHE:
Parem com esses cânticos, pelo amor de Deus, esses seus cantos de danação. E, quanto aos camponeses que viram desabar um rei, que os aconselhem a açaimar seus asnos e a amordaçar suas galinhas. Ai de Limonade se eu ouvir um zurro ou um cacarejo!

INTENDENTE:
De fato, Sua Majestade precisa de calma e de repouso.

CHRISTOPHE:
>   Nada disso, senhores, nada disso. Aproximem-se.
>   Quero dar-lhes minhas instruções. Vamos, aproximem-se.
>   Eu não os morderei. Que diabo! Assim, venham...

Ministros e cortesãos se aproximam do leito.

CHRISTOPHE:
   Sim, de joelhos quebrados, a Sorte
   invejosa me golpeou. Mas, minha alma, saibam disso,
   está de pé, intacta, sólida, como nossa Cidadela.
   Fulminado, mas inabalado, a própria imagem
   de nossa Cidadela é Christophe.
   Continuarei, pois.
   Vocês serão meus membros, já que a natureza
   deles me privou.
   Eu, a cabeça, jurei lançar as fundações da nação.
   Existe algum dentre vocês que se recusaria a erguer
   as paredes? A sustentar, contra os ciclones, a abóbada
   e os arcos?
   É o que de vocês espero, exijo.
   Senhores, com a obediência como prumo
   e o trabalho como nível, o reino continua,
   que saibam todos disso, sua necessária solidez ruge
   por obra de nossa força e atravessa o pantanal.
   Àquilo que é de Deus
   todo homem tem direito; todo povo!
   Deuses, não suplico, mas,
   brandindo diante de vós o cetro do meu povo[59]
   — seu cetro de bico de colibri ladeando o
   milhafre —
   reivindico para esse povo
   seu direito!
   sua dose de sorte!

---

59. N. da T. *Récade*. Ver nota 44 acima.

Cena 4

Semanas se passaram. Palácio real. Salão do trono.

HUGONIN:
[*cantando*]
Damballa plantou o milho seu
Sim, ele plantou o milho seu
O bicho sugou o sangue seu
A nação vai pro beleléu!
A nação vai pro beleléu!

CHRISTOPHE:
[*trata-se de uma figura prostrada e envelhecida*] Meu pobre Hugonin, as nações jamais estão bem. E é por isso que tampouco os reis devem ser bons demais... A propósito, Prézeau, no que se refere aos trabalhos do Cavaleiro no alto da Cidadela,[60] confirmei, com muita veemência, à guarnição de Saint-Marc a ordem de assegurar o transporte dos materiais pelo caminho da montanha. Nas costas. É inútil esperar pelo que se convencionou chamar de "estação apropriada". Todas as estações são apropriadas quando o rei ordena.

RICHARD:
Majestade, são trinta léguas de Saint-Marc ao Cabo. O moral é baixo em Saint-Marc e a tropa está exausta.

---

60. N. da T. Cavaleiro é um elemento defensivo de uma fortificação construído sobre um baluarte ou uma cortina. Ocupando uma posição mais elevada, tem, além de maior proteção, a vantagem de oferecer maior raio de alcance à artilharia.

CHRISTOPHE:
Diga, estão pensando em me desobedecer? Exausta... Soldados exaustos... Eu estou paralítico, senhor, mas não estou exausto. O que é então que acometeu os senhores todos? Poder-se-ia dizer que um vento de sedição sopra por este reino.

RICHARD:
De sedição?

CHRISTOPHE:
De sedição, Richard!

Richard se retira.

Cena 5

Vaivém de oficiais. Agitação e pânico.

CHRISTOPHE:
Pois bem, que notícias me trazem?

PRIMEIRO MENSAGEIRO:
Elas não são nada boas, Majestade.

CHRISTOPHE:
Exijo notícias e não comentários sobre elas. Prézeau, mande Richard vir até aqui. Ele não deve estar longe e posso precisar dele.

PRIMEIRO MENSAGEIRO:
A cidade de Saint-Marc, a ponto de escapar entre os dedos de nossas tropas, fez um apelo aos republicanos. O general Boyer desembarcou em Saint-Marc.

CHRISTOPHE:
Com mil trovões! Ofereci o ramo de oliveira à gente de Porto Príncipe! E eles o recusam! Por cinco anos, Mirebalais foi uma fronteira de paz. E eles querem fazer dela uma fronteira de sangue! Como preferirem! Você disse que Boyer entrou em Saint-Marc? E debaixo das barbas de meus generais!

Entra um segundo mensageiro.

SEGUNDO MENSAGEIRO:
Majestade, os generais Romain e Guerrier passaram para o lado dos insurgentes.

CHRISTOPHE:
Romain! Guerrier! Meus generais! Porcos! Serpentes chifrudas! Homens que eu cobri de honrarias!
Atenção, senhores! Christophe é um caroço gordo.
E quem tenta engolir um caroço gordo, deve pelo menos confiar na largura de sua goela! Prézeau, avise a Magny que ele deve assumir o comando.

HUGONIN:
Caradeux, Majestade, é uma terra muito bela nos arredores de Porto Príncipe e, se minhas informações estão corretas, o Senado de Porto Príncipe acaba de ofertá-la a Magny. Magny sempre adorou a vida no campo, Majestade.

CHRISTOPHE:

Imundos, todos imundos. Este país é uma pilha de estrume! Como não acabaria por se irritar a narina de Jeová com todo esse chorume que tanto fede sob o sol?

Magny, Guerrier, Romain!

Pois bem, senhores, ficaremos muito bem sem eles, não é mesmo?

E, além disso, não há necessidade de superestimá-los!

Alguns pregos que se soltam; algumas pedras que rolam! Mas a armação da parede está intacta! Intacta, ouviram? Mandem entrar Richard.

TERCEIRO MENSAGEIRO:

Majestade, no Cabo, a população se insurgiu e a multidão se apoderou do arsenal.

CHRISTOPHE:

E a guarnição? E Richard?

TERCEIRO MENSAGEIRO:

Os amotinados espalham o boato de que o governador Richard não reprimirá o movimento.

CHRISTOPHE:

Mas, afinal, vocês vão mandar entrar Richard ou não?

Richard entra.

CHRISTOPHE:

Senhor conde de la Bande du Nord, eu me perguntava se você viria mesmo. Até que enfim! Fico lisonjeado em pensar que você ainda poderia ter medo de mim. O Cabo se agita, se insurge. E você, governador do lugar, não sabe de nada!

RICHARD:
Majestade, é preciso levar em consideração que a situação é das mais sérias.

CHRISTOPHE:
Consideração... Consideração. Desapareça, traidor. Fora daqui! Mas, antes de partir, maldito, ponha-se de joelhos e beije as mãos de seu senhor!

Richard sai.

Cena 6

Palácio real. Sob a varanda. Christophe enfermo, sentado em uma cadeira. Ao seu lado, binóculos com que ele examina, de tempos em tempos, o horizonte.

HUGONIN:
    Um, dois gravetos no chão
    Ponha o pé no gravetinho
    De que brinca esse menino?
    É o jogo do capão

    Do capão. Meio-capão
    Veja lá que vinte são
    Ele junta seu cascalho

> *Na concha de sua mão*
> *E eis que fica um vergão*

CHRISTOPHE:
Que canção idiota é essa, Hugonin?

HUGONIN:
> Eu a aprendi lá perto de Santo Domingo
> É tudo o que digo, Majestade, é preciso ter
> os rins firmes para aguentar o rinfofô

> *[cantando]*
> *E o rinfofô*
> *E o rinfofô*
> *Pilão frio, esquenta o pilão*
> *Mais carne seca no feijão*

CHRISTOPHE:
"Ambiciosas sementes para suas terras fastidiosas", eu lhes disse, e elevei em dez pontos a cota mínima exigida na estiagem. A colheita obtida em proporção direta do suor derramado! Foi um tempo severo. De nada me arrependo. Tentei enfiar algo em uma terra ingrata.

HUGONIN:
Da terra se erguem, veja... colunas de fumaça... Trazidos pelo vento, relinchos de cavalos. O que está queimando são as plantações do rei.

CHRISTOPHE:
Quis dar a eles a fome da realização e o desejo da perfeição.

HUGONIN:
A fome, ulalá! Como se alvoroçam! E eu aqui devorando os presuntos do rei e engolindo de um só trago o vinho do rei; só uma

coisa resiste: é o fedor rançoso deles em meio aos apetitosos aromas do rei.

CHRISTOPHE:
Arrebentem, arrebentem, arruínem. O que granjeei foi para eles; para o vento e a inveja. Para a ruína e o pó!

HUGONIN:
Os povos vivem um dia depois do outro, Majestade.

CHRISTOPHE:
Quis solucionar à força o enigma desse povo atrasado.

HUGONIN:
Os povos caminham no seu ritmo, Majestade; no seu ritmo secreto.

CHRISTOPHE:
Seu tosco! Os outros avançaram por séculos a pequenos passos. Onde estará nossa salvação senão naquilo que fizermos por nós mesmos? Anos de grandes passos, anos de grandes esforços.

HUGONIN:
Ouça, Majestade; sinta o cheiro! Na Alta do Cabo é festa: os caldeirões dos camponeses cozinham a pleno vapor, cobertos por uma folha de bananeira.

CHRISTOPHE:
Sua voz está estranha, Hugonin; cada uma de suas palavras entremeada com um dos destroços dos meus sonhos.
    Porque eles conheceram de perto o sequestro e o escarro, o escarro, o escarro na cara, eu quis lhes dar a chance de se erguerem diante do mundo, mostrar a eles como construir a própria morada, ensiná-los a reagir.

HUGONIN:
E aí está o batuque, o batuque do tambor... Os seus soldados não reagem, Majestade.

Os soldados do rei batucam o *mandoucouman*.[61]

CHRISTOPHE:
[*esticando a orelha*] Por Deus, é verdade. Que canalhas! Que canalhas! Estão batendo o *mandoucouman*.

PAJEM AFRICANO:
O que isso significa, Majestade?

CHRISTOPHE:
Significa que é hora do velho rei ir dormir.

Nem Deus, nem os deuses, nada além da noite; a noite do farejo e do focinho pontudo; a noite quilombola[62] do sal amargo,

---

61. N. da T. O *mandoucouman* é a batida sagrada vodu que anuncia a morte recente ou iminente. É uma batida sincopada em três toques, executada com as mãos e não com baquetas. Tanto mais forte é o simbolismo desse som por indicar a opção por executar nos tambores militares um sinal eminente e inequivocamente associado à herança religiosa africana, justamente no momento de anunciar a retirada do apoio dos soldados ao reino de Christophe, marcado pela emulação obsessiva dos usos e costumes europeus na esperança de obter o reconhecimento e o respeito das potências ultramarinas.
62. N. da T. No original, *marrone*. Na língua portuguesa, o termo cognato "marrano" ficou adstrito aos judeus conversos e a animais desgarrados dos rebanhos, sem abarcar o espectro semântico que adquiriu em outras línguas latinas, como no francês, no espanhol e nos crioulos caribenhos, e também no inglês, permitindo sua aplicação às pessoas que se evadiam do cativeiro escravagista. A figura do escravo evadido se tornou um dos mais fortes símbolos da resistência haitiana contra a dominação colonial e o jugo escravista. No Brasil, diversos outros termos foram adotados historicamente para se referir àqueles que resistiam à escravidão por meio da fuga e da defesa de assentamentos autônomos. Quilombola, mocambeiro, macamã, macamau são alguns exemplos. Ao longo dos séculos XVI e XVII e durante boa parte do século XVIII, mocambo era de longe o termo mais aplicado a essas comunidades, apesar de quilombo ter entrado em uso durante o século XVIII, possi-

a noite dos negros ofegantes e do Cão.
  Noite, tu que declinas a forma e o rastro,
  na profusão das noites, Noite única
  que reconheço porque és a múcua
  do grande baobá do tempo;
  amêndoa doce que brota da dura noz dos dias
  noite das folhas e das raízes;
  noite das fontes e do escorpião,
  nem por um instante hesitaria em te encontrar...
    Ou então,
    Congo
é justamente como diz um provérbio da sua terra, da nossa terra:
  Se sabes que uma flecha vai te acertar,
  estufa o peito para que ela acerte em cheio.
  Entendeu? Em cheio!

Cena 7

Penumbra. Atmosfera inquietante de cerimônia vodu.

MADAME CHRISTOPHE:
[*a rainha, cantando*]
  Mwen malad, m kouche, m pa sa leve
  Palmannan o, m pa moun isit o

---

velmente em decorrência da repercussão das campanhas frustradas contra o Quilombo dos Palmares. Ambos os vocábulos têm origem em palavras da língua kimbundu: *mukambo* designa um esconderijo e *kilombo* designa um local de repouso para viajantes ou para tropas em marcha.

Bondye rele m, m prale
Mwen malad, m kouche, m pa sa leve
Palmannan o, m pa moun isit o
Bondye rele m, m prale
Mwen malad, Palmannan
Bondye rele m, m prale
Mwen malad, Palmannan
Bondye rele m, m prale
Palmannan o, m pa moun isit o
Bondye rele m, m prale[63]

---

63. N. da T. Canção tradicional haitiana. Frequentemente intitulada *Bondye rele m prale*, foi gravada pelo Choeur Simidor, sob a direção de Ferrere Laguerre, sob o título *Palmannan* (http://www.deezer.com/track/88619737). A cantora brasileira Ligiana Costa gravou uma canção intitulada *La mizè pa dous* [A miséria não é doce] (https://www.youtube.com/watch?v=l6goj-Qu1nsU), que utiliza versos da canção tradicional na estrofe introdutória.

A transcrição acima corresponde à grafia contemporânea do *kreyòl ayisyen*. No texto original, o autor adotou a transcrição fonética: *Moin malad m-couche m-pa sa levé/ M-pral nan nô-é, mpa mou icit-ô/ Bondié rélé-m, m-pralé/ Moin malad, m-pral nan nô/ Bondié rélé-m, m-pralé/ Moin malad, m-pral nan nô/ Bondié rélé-m, m-pralé/ M-pral nan nô-é, m-pa moun icit-ô/ Bon dié rélé-m, m-pralé*

Na letra apresentada pelo autor, a estrutura dos versos figura ligeiramente alterada e as passagens em que a canção menciona a expressão *Palmannan o* são erroneamente transcritas como *m-pral nan nô*. O termo *Palmannan* tem origem num esforço para codificar e, assim, permitir o uso críptico da expressão pejorativa *Blan mannan*, utilizada para se referir aos brancos pobres. Aplicava-se originalmente aos brancos que não eram senhores de escravos e que, não possuindo nenhuma propriedade, eram submetidos a regimes de servidão laboral, mas que, a despeito de sua própria sujeição, auxiliavam na manutenção do regime escravocrata. O uso pejorativo do termo no período colonial denota a frustração sentida pelos revolucionários haitianos diante da recusa desses "brancos menores" a se engajar na luta contra o regime colonial, privilegiando uma aliança racial com os escravocratas que também os exploravam. Em decorrência disso, seu uso foi estendido para se referir à indignidade ou vilania percebida em qualquer branco.

CHRISTOPHE:
Mas a floresta, sempre jovem, lança continuamente sua seiva, dispensando à mais delgada liana, ao musgo, à mosca azul e ao incerto vaga-lume perfeitamente o que lhes cabe. Mas ah, que este furacão que, me sufocando, efervesce em meu coração, não possa mais escapar ao limite irrisório do meu peito!
Que rei é esse? E quem o obedecerá se seus próprios membros se recusam a lhe servir?
Congo, você chegou a ver, por vezes, ao longo das estradas, árvores grandes, fortes, espantosas, seu tronco revestido com uma couraça de espinhos, mas o pé arruinado por uma fenda descas-

---

A canção retrata o ambíguo lamento de um escravo moribundo que, pressentindo a chegada da morte, nela entrevê uma possibilidade derradeira de libertação. Para além das estrofes cantadas pela rainha, intercala-se tradicionalmente um recitativo, em *langaj*, em que o curandeiro que o acompanha e consola implora aos deuses e constata que, apesar de todos os ritos e invocações, a saúde do enfermo não pôde ser restabelecida. Em tom menor e em estrutura de fuga, um coro feminino também interpõe suas interrogações e seus lamentos. Aqui se propõe uma tradução meramente semântica, que não pretende, contudo, fazer jus à intrincada estrutura rítmica da canção: *De cama enfermo, não vou me erguer/ Ô branquelo, eu não sou daqui/ Se Deus me chama, devo ir/ De cama enfermo, não vou me erguer/ Ô branquelo, eu não sou daqui/ Se Deus me chama, devo ir/ Estou doente, branquelo/ Se Deus me chama, devo ir/ Estou doente, branquelo/ Se Deus me chama, devo ir/ Ô branquelo, eu não sou daqui/ Se Deus me chama, devo ir*

E, mesmo no âmbito semântico, a tradução não consegue ser fiel à riqueza de ambivalências presentes nos versos. Como, por exemplo, quando, diante da iminência de sua alforra final, o escravo moribundo diz, logo no primeiro verso, *m pa sa leve*, que pode ser traduzido tanto por "não posso me erguer" quanto por "não vou me erguer", expressando simultaneamente sua lástima com a prostração e seu desafio diante do branquelo que não tem mais nenhuma autoridade para lhe ordenar que se levante. Com a mesma carga ambivalente, a frase introduzida no segundo verso *m pa moun isit* remete tanto à ideia de que, tendo sido escravizado, o triste moribundo não é originário do próprio Haiti, quanto à interpretação de que, ali, ele não é considerado gente. A tradução literal poderia ser igualmente "não sou gente daqui" ou "não sou gente aqui".

cada. Ah, nada além do pé! Atocaiados pelo traiçoeiro camponês, são solenes mastros emparelhados para a queda.

Oh, oh! Eles me atocaiam, Congo, como essa ampulheta de pé descascado!

Um silêncio.

CHRISTOPHE:
Enroscado
                    Enroscado
nódulos de um sangue coalhado
espumas emborcadas
sonolento marasmo que é o mel avaro de meu sangue.
Rumor eu te invoco
eu me invoco
eu disse outrora: trajeto de abelhas ardentes
eu disse outrora: grande cavalo relinchante
de meu sangue.

[*cantando*]
Solèy o
Ati — Dan! Ibo Loko!
Solèy o
Legba Atibon
Ati — Dan Ibo Loko[64]

---

64. N. da T. Diante da desesperadora situação de coagulação física e mística de todas as forças vitais e astrais vinculadas ao rei que foi descrita no monólogo anterior, o rito a que ele recorre é a invocação às divindades capazes de reabrir esses fluxos vitais, recorrendo a uma série de símbolos de torrencialidade, encadeamento e desobstrução. Nesse sentido, o sol é invocado em sua correspondência direta com o mistério de Legba Atibon, para que

Ele se lamuria.

MADAME CHRISTOPHE:
[*cantando*]
   Solèy, Solèy o, mwen pa moun isit
   Mwen se moun Afrik
   Zanmi m kote solèy, solèy ale o
   Fè yon vèvè pou lwa yo

---

abra as linhas de comunicação entre o sagrado e o profano, veias capazes de carregar o poder desde sua fonte, o sol, até o entrevado que dele necessita. *Ati* é a invocação ao "mestre mágico" presente na madeira.

Dan se refere a um dos nomes de Damballa, também chamado de Damballa Wedo, o deus-serpente, o Pai Celestial e o criador primordial de todas as coisas vivas, a fonte de todo o movimento e de toda a energia criativa. Ele comanda a mente humana, a inteligência e o equilíbrio cósmico.

Ibo é uma das nações (*nanchon*) em que se dividem as afiliações dos loás, conforme sua origem.

Sobre Loko, ver nota 56 acima. No passado, Loko era um loá bastante poderoso. Até hoje, é frequentemente associado à figura de Dessalines e acredita-se que ele tenha intervindo pessoalmente e desempenhado um papel de destaque na guerra de independência. Atualmente, Loko se tornou parte do séquito de Legba, auxiliando-o na proteção das estradas, encruzilhadas e residências. Faziam-se também oferendas a Loko para alcançar a cura de uma enfermidade e para pôr fim a uma série de infortúnios. Loko é, em suma, um loá curativo. É ele o responsável por conferir às plantas suas propriedades terapêuticas.

Legba Atibon é o deus das portas, o senhor das encruzilhadas e o protetor das residências. Para cada uma de suas funções, ele é invocado com um nome correspondente. É Legba quem guarda todas as passagens entre o terreno físico e o espiritual. Nenhuma cerimônia pode ser iniciada sem que lhe seja dirigida uma prece, rogando que erga as barreiras que separam os homens dos deuses. A cada oferenda sacrificial, ele é o primeiro a ser servido e os primeiros goles de toda libação de rum são a ele dedicados. Sua representação iconográfica é a de um velho prostrado pela idade e parcialmente paralisado, que precisa da ajuda de uma muleta ou bengala para se locomover. Em razão disso, recebe também a alcunha de Legba-pye-kase (Legba do pé quebrado).

Fè yon vèvè pou lwa yo
Damballa Wedo
Ago yo wedo
Ago yo wedo
Fè yon vèvè pou lwa yo
Fè yon vèvè pou lwa yo
Damballa wedo[65]

CHRISTOPHE:
Deuses da África
  Loás!
Corda do sangue atrelado
pai que amarra o sangue

---

65. N. da T. Livremente traduzida, a invocação diz: *Sol, oh sol, eu não sou daqui Sou da África/ Amigos meus do lado onde brilho o sol, / do lado para onde vai o sol/ Façam um vevê para os loás/ Façam um vevê para os loás/ Damballa wedo Reverência a vós, wedo/ Façam um vevê para os loás/ Façam um vevê para os loás/ Damballa wedo*

A respeito da interjeição *Ago*, ver nota 36 acima.

Na grafia, anterior à padronização do *kreyòl*, utilizada pelo autor: *Solé, Solé-ô, moin pa moun icit/ Moin cé moun l'Afric/ Mé zammi coté solé, solé alé-ô Fé youn vévé pou loa yo/ Fé youn vévé pou loa yo/ Damballah mvédo/ Ago yo mvédo/ Ago yo mvédo/ Fé youn vévé pou loa yo/ Fé youn vévé pou loa yo/ Damballah mvédo*

No decorrer das cerimônias vodu, a reprodução das forças astrais representadas pelos desenhos místicos, os vevês (*vèvès*), obriga os loás — que são, por sua vez, representações espirituais corporificadas nos corpos celestes, estrelas e planetas — a descer até a Terra. Dependendo do rito seguido, o vevê é traçado no chão com pós de diferentes procedências e cores (farinha de trigo, fubá, cinzas, folhas trituradas, tijolo moído, pó de arroz e até mesmo pólvora, carvão moído ou cascas de árvore e raízes trituradas). De modo geral, no rito Rada, considerado um rito solar, o traçado adequado é feito com pós brancos ou amarelados, enquanto em ritos intermediários é utilizado o fubá amarelo e nos ritos Petro é utilizado o pó de tijolo ou as cinzas, afeitos ao predomínio elementar do fogo nesses ritos.

abobô⁶⁶
África, lugar de minhas forças
abobô

[*ao pajem africano*] Congo, o impetuoso colibri dentro dos dutos da datura.⁶⁷ Sempre fiquei maravilhada que um corpo tão frágil pudesse suportar, sem rebentar, o ritmo desse coração que bate acelerado. África, de tua grande corneta retumba meu sangue! E que ele se desdobre à plena envergadura de um imenso pássaro!

Não rebente, jaula do meu peito!
Tambores em meu pulso, batam
O tucano rompe com seu bico o fruto da ráfia⁶⁸
Salve, tucano, grande tamborileiro!
Galo, a noite sangra ao ser rasgada pela lâmina de seu grito
Salve, galo, arquejo dilacerante!
O martim-pescador, capturando fio a fio a auriflama,⁶⁹ cria para si mesmo um alvorecer de sol ébrio
Salve, martim-pescador, grande tamborileiro!
tambor-galo

---

66. N. da T. *Abobo* ou *ayibobo* é uma exclamação cerimonial utilizada sobretudo no rito Rada. O equivalente para o rito Petro seria *Adyoman*. Seu uso é frequentemente equiparado ao *amém* dos ritos judaicos e cristãos.
67. N. da T. Também conhecida como estramônio e erva-dos-mágicos e popularmente associada com rituais de magia negra, a datura é uma planta de flores tubulosas, rica em alcaloides venenosos e de propriedades alucinógenas.
68. N. da T. Palmeira da família das *Arecaceae*, originária de Madagascar, encontrada em ambientes pantanosos e ao longo das margens de rios. Suas folhas fibrosas, das quais se extraem robustas fibras utilizadas para a produção de cordas de alta resistência, são consideradas as maiores do reino vegetal, podendo atingir 25m de comprimento e 4m de largura. Seu fruto possui casca muito dura e cobertura escamosa e lisa, que tornam difícil a tarefa de abri-lo.
69. N. da T. Por auriflama (flama de ouro) se designava o estandarte vermelho pontilhado de chamas ou estrelas de ouro utilizado pelos reis franceses nos campos de batalha entre os séculos XII e XV.

tambor-tucano
tambor-martim-pescador
tambor! meu sangue audível!
Assotor,[70] meu coração, bata.
Meus *hounsis*![71] meus filhos! quando eu morrer,
o grande tambor perderá seu som.
Então, que bata, que bata o grande tambor
que ele bate em mim um rio de sangue,
um furacão de sangue e de vida
Meu corpo!

[*ele se levanta, dá alguns passos, caminha*]
Papa Sosih Baderre[72]

---

70. N. da T. Assotor é um grande tambor haitiano, cujo tronco cilíndrico de madeira é recoberto por uma camada dupla de couro bovino. Seu som grave e pesado é capaz de viajar por quilômetros através das montanhas. É amplamente utilizado no cerimonial vodu. Durante a Revolução Haitiana, Toussaint Louverture fez amplo uso de tambores assotor para fazer circular mensagens secretas entre as tropas posicionadas nas montanhas e vales. Christophe alude aqui à congruência entre o pulso de seu próprio coração e a batida rítmica do Tambor-Mor, possuído pela divindade do grande tambor Assotor. Insuflado pelas batidas, ele pretende se imbuir do vigor necessário para, com todas as forças que lhe restam concentradas na batida de seu coração, falar, ainda que pela última vez, não com a voz do homem paralisado e moribundo, mas sim com a voz troante do deus-tambor.
71. N. da T. *Hounsis* ou *ounsi*, ou ainda *ounsi kanzo*, são os homens e as mulheres em processo de iniciação que atuam como porta-estandartes do santuário (*houmfor* ou *ounfò*), como auxiliares do oficiante (o *houngan* ou *ougan*, se for homem, a *mambô* ou *manbo*, se for mulher) e como dançarinos paramentados durante as cerimônias vodu.
72. N. da T. Em geral, os *ougan* (oficiantes do vodu) são afetivamente chamados de *Papa* (pronuncia-se papá, significando papai ou painho). Ao final de seu processo de iniciação, os praticantes do vodu recebem um nome oculto. Papa Sosih Baderre é o nome oculto de Christophe, seu "valoroso nome", por meio do qual o *ougan* se identifica ao tratar com as forças sobrenaturais. Ao revelá-lo, Christophe descortina o papel de guia espiritual e autoridade religiosa que vinha desempenhando de modo velado.

Obrigado ao meu valoroso nome!

[*num arroubo de energia*] Olá, amigos. Meus amigos! Mandem soar o toque para o agrupamento. Todas as tropas! Todas as tropas! Meus guardas! Meus cavaleiros! Mandem selar meu cavalo. Vocês pensavam que eu não teria condições de lutar? Pfui! Bastará que papai Christophe mostre seu tricorne na Alta do Cabo para que tudo volte à ordem.

[*aparece na sacada. Hurra das tropas. Admoesta os soldados*]
    Soldados,
Vocês sabem com quem terão de lidar:
com vagabundos!
O que poderiam trazer senão a desordem, a incúria
e a preguiça?
Chefiados por um fracote cuja única conquista foi a de
ter-se esparramado na cama de Pétion.
Nós, nós construímos. Eles destruirão!
Vagabundos? Não, vermes!
O que está à espreita de vocês, moles de corpo e insaciáveis
de goela, é o exército dos insetos noturnos.
Cupins, todos cupins, é isso o que são.
Vocês não defenderão a casa que os
abriga,
a sua árvore tutelar,
o seu rei,
contra o desolador exército dos cupins?
    Vastey assumirá o comando.

[*dirigindo-se a Vastey*]
    Fuleiro, você não é negro; você é fula.[73] Mas, assim como a ter-

---

73. N. da T. No original, *griffe*, categorização êmica de mestiçagem no Haiti colonial. Ver nota 27 acima.

ra guarda em suas nervuras as marcas das grandes comoções, você conheceu... não... você *viveu*, no chamuscado dos seus cabelos, o hálito infernal da tempestade; não? Sobre os ombros, aí, entre seus ombros, tenho certeza, está a canga invisível, indestrutível; no correr da areia, a chegada súbita da caravana: são suplícios e horrores vindos desde as cavernas; sente náuseas, não é mesmo? Ah, profundas como os rios, e nosso riso, como o touro rubro que surge durante a tempestade da pastagem desvairada das tormentosas nuvens. Portanto, você é negro! Em nome da catástrofe, em nome do meu coração, que me faz subir pela garganta toda uma vida em espasmos de nojo, eu o batizo; eu o nomeio; eu o consagro negro... Agora, negrinho, sente no sangue a coragem para marchar?

De Milot até o Cabo e do Cabo até Saint-Marc?

Avante!

[*ele tomba*]

Com mil trovões! Quem foi, quem foi?

Qual o inimigo invisível que acampa à volta de meus muros, erguendo contra mim suas máquinas de guerra?

Alucinação do rei: Boyer aparece acompanhado de um refulgente Estado-Maior.

BOYER:

A vara de ferro que ele adorava brandir sobre as cabeças de vocês finalmente se despedaçará nas mãos dele... Até mesmo aqueles que eram seus tenentes o abandonam, cansados de não serem mais do que escravos de primeiro escalão. Soldados, a Vingança, que despertou do seio da Providência, se lança em seu encalço. Soldados da República, vocês também são os soldados de Deus.

SOLDADOS:
Hurra! Hurra! Hurra!

Os soldados atravessam o proscênio para seguirem Boyer

CHRISTOPHE:
[*voltando à realidade; o pajem o ajuda a se reerguer*] África! Ajude-me a voltar para casa, carregue-me como uma velha criança em seus braços e, depois, você me despirá e me lavará. Dispa-me de todas essas roupas, desfaça-me como, quando chega a aurora, nos desfazemos dos sonhos da noite... de meus nobres, de minha nobreza, de meu cetro, de minha coroa.

E me lave! Ah, lave de mim a nódoa deles, os seus beijos, o meu reino! Do resto, eu cuido sozinho.

Dizendo isso, toma nas mãos a pequena pistola que pende de seu pescoço, na ponta de um cordão.

Cena 8

Entra Hugonin, de fraque e cartola, a indumentária clássica do Baron-Samedi, o deus da morte haitiano.

HUGONIN:
Ah, este rum! Acho mesmo que bebi um gole a mais do que devia. Um verdadeiro mijo de onça!

[*limpa a garganta e canta*]
Ogoun Badagry li nèg politik o
A la la li la kòd koupe kòd o!
Ogoun Badagry li nèg politik o![74]

Peço que me perdoem, senhoras e senhores, por meu pequeno atraso.
Vocês sabem que sou o que sempre chega atrasado.
E, além disso, toda esta bendita parafernália para vestir:
meu fraque, minha cartola, quase a esqueço,
minhas duas linguetas... Ah, este rum! Quero dizer
meus óculos! Por fim, chegamos a tempo e isso
é o que importa para o minuto de silêncio.
Digo que o minuto é de silêncio e de verdade.
Atenção, vocês todos! Enquanto os soldados
penduram um tufo de folhas em seus chapéus;
enquanto barões e duques se voltam a quem lhes
dê de vestir, enquanto, nas ruínas de suas contradanças
e nos escombros da orquestra, o professor de dança,
encarnando a civilização ultrajada, proclama a todos
os ventos da história que não há o que possa ser feito
com os negros, enquanto...

---

74. N. da T. Na grafia do *kreyòl* pré-padronização, mesclada com o francês, utilizada no original: *Ogoun Badagry c'est Neg politique oh/ A la la li la cord'coupé cord oh!/ Ogoun Badagry c'est Neg politique oh*
Traduzido ao português, o sentido do trecho seria: *Ogun Badagry é um homem político oh/ Eis que ele fez que a corda se rompesse oh!/ Ogun Badagry é um homem político oh!*
Por meio dessa ênfase sobre o papel político desempenhado por Ogun Badagry, Christophe é associado a essa que é uma divindade terrível, o senhor das tempestades, o deus do sabre e patrono dos heróis das guerras de independência. A corda rompida indica possivelmente o fim do elo entre a divindade e o rei, abrindo a possibilidade de que alguma outra figura ocupe seu lugar.

[*ele fica imóvel e segura a cartola na mão, quando se ouve uma detonação vinda dos aposentos do rei e cujo estampido ecoa cada vez mais longe*]

Obrigado!... O rei está morto...
Bernard Juste Hugonin
Baron-Samedi ao seu dispor!

[*volta a se cobrir e sai cantarolando*]
Ogoun Badagry li nèg politik o!
Ou mèt ale ou mèt toune
Ogoun Badagry se la li ye[75]

A noite cai sobre o palco. Quando a lua se ergue, estamos no ponto mais alto da Cidadela, na plataforma elevada chamada de "Cavaleiro".

Cena 9

Ecos repercutem por sobre os telhados.

PRIMEIRO ECO:
O rei está morto!...

SEGUNDO ECO:
O rei está morto!...

---

75. N. da T. Na grafia original: *Ogoun Badagry c'est Neg politique oh!/ Ou mait' allé ou mait' tourné/ Ogoun Badagry c'est la li yé*
Traduzido: *Ogun Badagry é um homem político o!/ Você pode ir e pode voltar Ogun Badagry ali estará*

TERCEIRO ECO:
O rei está morto!

TAMBORES DISTANTES:
[*de colina em colina*]
    O fogo se apagou no palácio
    O grande fogo no grande palácio
    O rei está morto!

PRIMEIRO CARREGADOR:
    Oh la lá!
    Para alguém pesado, pode-se dizer que ele é bem pesado.

SEGUNDO CARREGADOR:
    Claro, é um rei!
    Um rei é sempre um fardo.

PRIMEIRO CARREGADOR:
Não é só que ele é pesado... Acontece que ele vai ficando mais pesado.

SEGUNDO CARREGADOR:
Talvez porque ele seja cada vez mais rei. Temos de reconhecer que era uma grande árvore.

PRIMEIRO CARREGADOR:
Com certeza! Você percebeu como, ao longo do caminho, seu corpo pendia para o lado de cá? Agora é o contrário. Seu peso é sua palavra. É preciso saber compreendê-la.

SEGUNDO CARREGADOR:
É verdade, se ele pesa, é porque ele quer uma parada. Ufa! Vamos baixá-lo.

Baixam o corpo.

VASTEY:
[*aos carregadores*]
    Coloquem-no em pé.
    Na argamassa esparramada.[76] Voltado para o sul.
    Assim está bem. Não deitado, mas de pé.
    Que ele próprio, contra a barreira do cascalho e do artifício da rocha criada pela mão do homem, abra seu caminho!
    E, tendo ele alcançado sozinho a própria estatura,
    que a lua, vermelha na ponta da flecha,
    erga sua tocha aterradora![77]

---

76. N. da T. Em sua elaboração da cena da morte e do sepultamento de Christophe, Césaire se apoia amplamente no relato fantástico de Alejo Carpentier em *El reino de este mundo* (1949). Após o suicídio, quando a notícia da morte do rei começou a se espalhar, insurgentes e saqueadores teriam começado a atacar o palácio de Sans Souci. Dois homens teriam conseguido retirar furtivamente o corpo do palácio durante a noite e levá-lo montanha acima até a Cidadela, mas não conseguiram levar consigo e nem encontrar pelo caminho as ferramentas necessárias para cavar o túmulo. Sua escolha teria sido, então, por enterrar o corpo numa pilha de cal. Contudo, é fato que o local do sepultamento do rei permaneceu incerto por muito tempo e que, somente em 1847, um corpo atribuído a Christophe foi exumado de uma pilha de argamassa solidificada na Cidadela e sepultado em um túmulo de concreto, dentro da própria Cidadela — 27 anos após a morte do rei e 4 anos depois da morte e do consequente fim da presidência vitalícia de Jean-Pierre Boyer, sucessor de Pétion, que inaugurou um período tumultuado de sucessivos golpes de estado e de uma rápida sucessão de líderes da reunificada República do Haiti, que viram a volta ao poder de antigos oficiais de Christophe e que se encerraram com a chegada ao poder de Faustin Soulouque, que restaurou a monarquia, proclamando-se Imperador Faustino I.
77. N. da T. Para além da licença poética, a ideia de que teria havido um eclipse lunar em algum momento próximo à morte de Christophe talvez se deva em parte à influência de um certo hermetismo de extração spengleriana que, perpassando o trabalho de Carpentier, sobretudo durante o

MADAME CHRISTOPHE:

E este país lhe terá recusado até mesmo o travesseiro de baba de sapo!

E seu país lhe terá negado até mesmo a cova de lama do escaravelho

Homem que expandiu fronteiras

Homem que forjou astros

duro abraço caloroso

grande coração dedicado, já arrefecido na distância

desfaça-se de seu orgulho de pedra

para sonhar com uma velhinha

que, mancando por entre poeira e chuvas rumo ao dia alquebrado,

até o fim da jornada,

recolherá do chão as migalhas do seu nome.

PAJEM AFRICANO:

Pai, nós o instalamos em Ifé,[78] no alto da colina das três palmeiras

---

período em que escrevia *El reino*, pode ter chegado até Césaire, assim como outros elementos do relato do cubano. Numa noção errônea que perdura até os dias atuais em círculos ocultistas, as "luas de sangue" ocorreriam em ciclos de 18 anos e eclipses carregados de pregnância histórica teriam ocorrido em 1802, 1820 e 1838. Dados atuais demonstram que os eclipses lunares mais próximos à data da morte de Christophe (8 de outubro de 1820) foram em 29 de março e 22 de setembro de 1820 e em 17 de fevereiro de 1821, nenhum deles total.

78. N. da T. A cidade de Ifé, hoje localizada no sudoeste da Nigéria, é considerada o centro espiritual da cultura iorubá. De acordo com o mito de sua fundação, seguindo as ordens da divindade suprema Olorun (também chamado de Olodumaré), o deus Oduduwa fundou a cidade e se tornou seu primeiro rei (ou *ooni*). Manteve-se por séculos como a mais importante cidade do antigo reino do Benin, até ser ultrapassada, no início do século XVIII, pela metrópole setentrional de Oyo, que floresceu junto com a expansão do comércio de escravos.

    Pai, nós o instalamos em Ifé, nos dezesseis rombos do vento
    Na origem
    Biface!
    Juntas paciência e impaciência
    derrota e vitória
    Feixe de escamas em contraluz
    que trocam suas armas, suas lágrimas.
    Força à noite, maré de dia,
    XANGÔ
    Eu te saudarei, Ô... quando
    passares pelas passarelas do céu
    montado nos carneiros flamejantes da tempestade.

VASTEY:
[*dirigindo-se ao rei*]
    Rei, sobre nossos ombros, nós o carregamos
    pela montanha, até o ápice da subida,
    até aqui.
    Pois o seu caminho tinha nome:
    Sede-da-Montanha.
    E ei-lo novamente rei, em pé,
    erguendo sobre o abismo seu próprio altar.
    Vocês, astros de coração quebradiço
    vocês, nascidos das cinzas do etíope Mêmnon
    Pássaros que espalham o pólen
    desenhem para ele suas armas imperecíveis
    no azul sobre o vermelho, a fênix coroada de ouro.

Fanfarra fúnebre e salvas de canhão.

FIM

Discurso sobre o colonialismo

1

Uma civilização que se revela incapaz de resolver os problemas que o seu funcionamento suscita é uma civilização decadente.

Uma civilização que prefere fazer vista grossa diante de seus problemas mais cruciais é uma civilização combalida.

Uma civilização que burla seus princípios é uma civilização moribunda.

O fato é que a civilização dita "europeia", a civilização "ocidental", tal como a moldaram dois séculos de regime burguês, é incapaz de resolver os dois principais problemas aos quais sua existência deu origem: o problema do proletariado e o problema colonial; que essa Europa, submetida ao crivo da "razão", assim como ao crivo da "consciência", mostra-se indefesa ao se justificar; e que ela cada vez mais se refugia em uma hipocrisia tão mais odiosa por ser cada vez menos capaz de iludir.

A Europa é indefensável.

Parece ser essa a constatação que se confidenciam na surdina os estrategistas americanos.

Isso por si só não é grave.

O grave é que "a Europa" é moral e espiritualmente indefensável.

E acontece que hoje não são apenas as massas europeias que acusam, mas é em escala global que o indiciamento é realizado por dezenas e dezenas de milhões de pessoas que das profundezas da escravidão se erigem em juízes.

Pode-se matar na Indochina, torturar em Madagascar, encarcerar na África Negra, castigar nas Antilhas. Os colonizados agora sabem que têm uma vantagem sobre os colonizadores. Sabem que seus "senhores" transitórios mentem.

E que, portanto, seus senhores são fracos.

E como hoje me pedem que fale da colonização e da civilização, vamos direto à mentira principal, a partir da qual proliferam todas as outras.

Colonização e civilização?

A maldição mais comum neste caso é se deixar enganar de boa-fé por uma hipocrisia coletiva, exímia em falsear os problemas para melhor legitimar as odiosas soluções que para eles apresenta.

Isso equivale a dizer que o essencial aqui é ver com nitidez, pensar com nitidez, leia-se intrepidamente, responder com nitidez à singela questão primordial: o que é, em princípio, a colonização? O essencial é convir naquilo que ela não é; nem evangelização, nem obra filantrópica, nem desejo de fazer retrocederem as fronteiras da ignorância, da enfermidade ou da tirania, nem difusão de Deus, nem ampliação do Direito, o essencial é admitir de uma vez por todas, sem querer se furtar às consequências, que o gesto decisivo neste caso era o do aventureiro e do pirata, do comerciante e do armador, do explorador de ouro e do negociante, do apetite e da força, tendo por trás a funesta sombra lançada por uma forma de civilização que, a um dado momento de sua história, se viu internamente compelida a estender à escala mundial a concorrência de suas economias antagônicas.

Prosseguindo em minha análise, verifico que a hipocrisia é de data recente; que nem Cortez ao descobrir a Cidade do México do alto do grande *teocalli*, nem Pizarro diante de Cuzco (menos ainda Marco Polo diante de *Cambaluc*) proclamavam ser arautos de uma ordem superior; que matavam; que saqueavam; que possuíam capacetes, lanças, cobiças; que os verbosos vieram depois; que, nesse domínio, o grande responsável foi o pedantismo cristão, por ter estipulado equivalências desonestas: *Cristianismo = civilização*; *paganismo = selvageria*, das quais só podiam decorrer abomináveis consequências colonialistas e racistas, cujas vítimas haveriam de ser os índios, os amarelos, os negros.

Esclarecido isso, admito que colocar civilizações diferentes em contato umas com as outras é bom; que unir mundos distintos é excelente; que uma civilização, seja qual for o seu gênio ínsito, ao se fechar em si mesma, fenece; que, nisso, as trocas são o oxigênio, e que a grande sorte da Europa foi ter servido de encruzilhada e que ter sido o lugar geométrico de todas as ideias, o receptáculo de todas as filosofias, o abrigo de todos os sentimentos fez dela o melhor redistribuidor de energia.

Mas então proponho a seguinte questão: será que a colonização realmente *colocou em contato*? Ou, se assim se preferir, será que, de todas as maneiras de *estabelecer o contato*, era a melhor?

Respondo que *não*.

E digo que, entre a *colonização* e a *civilização*, a distância é infinita; que, de todas as expedições coloniais acumuladas, de todos os estatutos coloniais elaborados, de todas as circulares ministeriais expedidas, é impossível extrair um único valor humano sequer.

2

Seria preciso, de início, estudar como a colonização age para descivilizar o colonizador, para embrutecê-lo na real acepção da palavra, para degradá-lo, para despertá-lo para os instintos subterrâneos, para a cobiça, a violência, o ódio racial, o relativismo moral, e mostrar que, toda vez que no Vietnã uma cabeça é cortada e um é olho furado e isso na França é aceito, uma menina é estuprada e isso na França é aceito, um malgaxe é supliciado e isso na França é aceito, há um legado da civilização que se impõe com seu peso morto, uma regressão universal que se opera, uma gangrena que se instala, um foco infeccioso que se alastra e que, na ponta de todos esses tratados violados, de todas essas mentiras propagadas, de todas essas expedições punitivas toleradas, de todos esses prisioneiros agrilhoados e "interrogados", de todos esses patriotas torturados, na ponta dessa soberba racial encorajada, dessa arrogância ostensiva, existe o veneno instilado nas veias da Europa e o progresso lento, porém cabal, do asselvajamento do continente.

E eis que um belo dia a burguesia acorda sacudida por um formidável impacto de recuo: as gestapos se alvoroçam, as prisões se abarrotam, os carrascos arquitetam, aperfeiçoam e argumentam à volta dos aparelhos de tortura.

Espantam-se, indignam-se. Dizem: "Que coisa estranha! Mas, ah, é o nazismo, há de passar!" E aguardam, e esperam; e calam-

-se quanto à verdade, que é uma barbárie, sim, mas é a barbárie suprema, a que coroa, a que resume a cotidianidade das outras barbáries; que é o nazismo, sim, mas que, antes de serem suas vítimas, foram seus cúmplices; que esse nazismo foi apoiado antes de ser sofrido, foi absolvido, foi relevado, foi legitimado, porque ele até então só se aplicava aos povos não europeus; que esse nazismo foi cultivado, que são responsáveis por ele e que ele brota, irrompe, jorra, antes de em suas rubras águas tragá-los por todas as fissuras da civilização ocidental e cristã.

Sim, valeria a pena estudar — clinicamente, em detalhe — as ações de Hitler e do hitlerismo e revelar ao mui distinto, mui humanista, mui cristão burguês do século XX, que ele carrega em si um Hitler recôndito, que Hitler *o habita*, que Hitler é seu *demônio*, que, se ele o despreza, é por falta de lógica, e que, no fundo, o que ele não perdoa a Hitler não é *o crime* em si, *o crime contra o ser humano*, não é *a humilhação do ser humano em si*, é o crime contra o ser humano branco, é a humilhação do ser humano branco e o fato de ter aplicado à Europa métodos colonialistas que até ali estavam reservados apenas aos árabes da Argélia, aos cules da Índia e aos negros da África.

E é essa a grande crítica que dirijo ao pseudo-humanismo: ter por tanto tempo encolhido os direitos humanos, deles ter tido, deles ainda ter uma concepção estreita e parcelada, partidária e parcial, e, em última análise, sordidamente racista.

Falei muito de Hitler. É que ele merece: ele permite ver em larga escala e perceber que a sociedade capitalista, em seu estágio atual, é incapaz de fundar um direito internacional, assim como se revela impotente para fundar uma moral individual. Queira ou não: no fundo desse beco sem saída que é a Europa, isto é, a Europa de Adenauer, de Schuman, Bidault e outros, está Hitler.

No fundo do capitalismo, ávido por se perpetuar, está Hitler. No fundo do humanismo formal e da ascese filosófica, está Hitler.

E por isso me vem à mente uma de suas fórmulas:

"Aspiramos não à igualdade, mas à dominação. O país de raça estrangeira deverá voltar a ser um país de servos, de jornaleiros agrícolas ou de operários industriais. Não se trata de suprimir as desigualdades entre os homens, mas de ampliá-las e convertê-las em lei."

Isso soa cortante, presunçoso, brutal e nos situa em plena selvageria gritante. Mas desçamos um degrau.

Quem é que fala? Sinto vergonha em dizer: é o *humanista* ocidental, o filósofo "idealista". Que se chame Renan é mero acaso. Que tenha saído de um livro intitulado *La Réforme intellectuelle et morale* [A reforma intelectual e moral], que tenha sido escrito na França, às vésperas de uma guerra que a França alegava ser do direito contra a força, diz muito sobre a moralidade burguesa.

"A regeneração das raças inferiores ou abastardadas, produzida pelas raças superiores, insere-se na ordem providencial da humanidade. Entre nós, o homem do povo quase sempre é um nobre decaído, sua mão pesada mais bem-talhada para o manejo da espada que da ferramenta servil. Prefere batalhar a trabalhar, isto é, regride ao seu estado original. *Regere imperio populos*, eis a nossa vocação. Lancem essa ação voraz sobre países que, como a China, convidam à conquista estrangeira. De aventureiros que agitam a sociedade europeia, façam um *ver sacrum*, um enxame como os dos francos, lombardos, normandos, e cada um estará em seu papel. A natureza criou uma raça de operários, é a raça chinesa, de uma destreza manual maravilhosa e sem quase nenhum sentimento de honra; governem-na com justiça, dela haurindo, pelo favor desse governo, uma vasta dotação em benefício da raça conquistadora, e ela ficará satisfeita; uma raça de trabalhadores da terra é o negro; sejam bons e humanos para com ele, e tudo estará em ordem; uma raça de senhores e soldados é a raça europeia. Reduzam essa nobre raça a trabalhar no ergástulo, como os negros e chineses, e ela se revolta. Entre nós, todo rebelde é, alguns mais outros menos, um soldado que deixou de cumprir sua vocação, um ser feito para a vida heroica e que consignaram *a uma tarefa contrária à sua raça*, mau operário, muito bom soldado. Mas a vida que revolta nossos trabalhadores faria feliz a um chinês, a um felá, seres que nada têm de militares. *Que cada um faça aquilo para o que foi feito, e tudo ficará bem."*

Hitler? Rosenberg? Não, Renan.

Mas desçamos mais um degrau. E eis o político verboso. Quem haveria de protestar? Que eu saiba, ninguém, quando Albert Sarraut, ao discursar para os alunos da Escola Colonial, ensinava-lhes que seria pueril contrapor aos empreendimentos europeus de colonização "um pretenso direito de ocupação e não sei qual outro direito de bravio isolamento, que eternizariam em mãos ineptas a vã posse de riquezas ociosas".

E quem se indigna ao ouvir um tal Reverendo Padre Barde sustentar que as riquezas deste mundo, "se permanecessem repartidas indefinidamente, como seria o caso sem a colonização, não atenderiam nem aos desígnios de Deus nem às justas exigências da coletividade humana"?

Ao considerar, como afirma seu confrade em matéria de cristianismo, o Reverendo Padre Muller: "que a humanidade não deve, nem pode admitir que a incapacidade, a incúria e a preguiça dos povos selvagens deixem indefinidamente ociosas as riquezas que Deus lhes confiou com a missão de colocá-las a serviço do bem de todos"?

Ninguém.

Quer dizer, nenhum escritor reconhecido, nenhum acadêmico, nenhum pregador, nenhum político, nenhum cruzado do direito e da religião, nenhum "defensor da pessoa humana".

E, no entanto, pela boca dos Sarrauts e dos Bardes, dos Mullers e dos Renans, pela boca de todos os que julgavam e julgam lícito aplicar aos povos extraeuropeus, e em favor de nações mais poderosas e mais bem equipadas, "uma espécie de expropriação por razões de utilidade pública", já era Hitler quem falava!

Aonde quero chegar? À seguinte ideia: que ninguém coloniza inocentemente, que ninguém tampouco coloniza impunemente; que uma nação que coloniza, que uma civilização que justifica a colonização — portanto, a força — já é uma civilização enferma, uma civilização moralmente combalida, que, inapelavelmente, de consequência em consequência, de negação em negação, invoca o seu Hitler, isto é, o seu castigo.

Colonização: cabeça de ponte no seio de uma civilização da barbárie, de onde a qualquer momento pode emergir a negação pura e simples da civilização.

Destaquei na história das expedições coloniais alguns traços que mencionei com todo o detalhamento em outra ocasião.

Nem todos ficaram felizes com isso. Disseram que era tirar velhos esqueletos do armário. De fato!

Seria inútil citar o coronel de Montagnac, um dos conquistadores da Argélia?

"Para afastar as ideias que por vezes me assolam, mando cortar cabeças, não cabeças de alcachofra, e sim cabeças humanas."

Conviria recusar a palavra ao conde d'Hérisson?

"É verdade que trazemos conosco um barril cheio de orelhas colhidas, de par em par, dos prisioneiros, fossem amigos ou inimigos."

Seria o caso de negar a Saint-Arnaud o direito de fazer sua bárbara profissão de fé?

"Arrasamos, incendiamos, saqueamos e destruímos as casas e as árvores."

Caberia impedir o marechal Bugeaud de sistematizar tudo isso em uma arrojada teoria e de invocar grandiosos ancestrais?

"Impõe-se uma grande invasão em África, a exemplo do que faziam os francos, do que faziam os godos."

Deve ser relegada às trevas do esquecimento a memorável façanha do comandante Gérard e mantida em silêncio a tomada de Ambike [Ambiky], uma cidade que, a bem da verdade, nunca sequer sonhara em se defender?

"Os fuzileiros tinham ordem para matar apenas os homens, mas ninguém os conteve; embriagados pelo cheiro de sangue, não pouparam uma só mulher ou criança... No fim da tarde, sob o efeito do calor, ergueu-se uma leve bruma: era o sangue das cinco mil vítimas, a sombra da cidade, que se evaporava enquanto o sol se punha."

São verdadeiros esses fatos, sim ou não? E as volúpias sádicas, os indizíveis prazeres que fazem vibrar a carcaça de Loti quando avista por seu binóculo de oficial um bom massacre de anamitas? Verdadeiro ou não?[1] E se são verdadeiros esses fatos, estando

---

1. Trata-se do relato da tomada de Thouan-An [Thuận An, de 18 a 20 de agosto de 1883] publicado em *Le Figaro* em setembro de 1883 [numa série de três artigos, de 28 de setembro, 13 e 17 de outubro] e citado no livro de Nicolas Serban, *Pierre Loti: sa vie et son œuvre*. [Les Presses françaises: Paris, 1924, pp. 84-85 (https://gallica.bnf.fr/ark:/12148/bpt6k9762197f/f126)] "Começava então a grande matança. Foi disparada uma salva de artilharia — dupla — e dava gosto ver aqueles feixes de balas, tão facilmente dirigíveis, despencarem sobre eles — duas vezes por minuto, conforme as ordens — de maneira metódica e certeira... Viam-se entre eles loucos que se erguiam tomados por uma vertigem de correr... Lançavam-se em zigue-zague, e de

além do alcance de qualquer um negar isso, dirão, para minimizá-los, que esses cadáveres não provam nada?

De minha parte, se relembrei alguns detalhes desses hediondos massacres, não foi por satisfação mórbida, mas porque acho que dessas cabeças humanas, dessas colheitas de orelhas, dessas casas incendiadas, dessas invasões góticas, desse sangue que fumega, dessas cidades que evaporam ao fio da espada, não será assim tão facilmente que nos livraremos. Tudo isso prova que a colonização, repito, desumaniza até o ser humano mais civilizado; que a ação colonial, o empreendimento colonial, a conquista colonial, fundada no desprezo pelo nativo e justificada por esse desprezo, inevitavelmente tende a modificar quem a executa; que o colonizador, que para aliviar a própria consciência se acostuma a ver no outro o animal e se adestra para tratá-lo como animal, tende objetivamente a se converter ele próprio em animal. Era essa ação, esse impacto de recuo da colonização, que importava assinalar.

Parcialidade? Não. Houve um tempo em que esses mesmos fatos eram motivo de orgulho e em que, seguros que se sentiam em relação ao futuro, não havia por que medir as palavras. Uma última citação; tomo-a de empréstimo a um tal Carl Siger, autor de um *Ensaio sobre a colonização*:[2]

"Os novos territórios são um vasto campo aberto às ações individuais, violentas, que nas metrópoles esbarrariam em certos preconceitos, em uma concepção sensata e regrada da vida, e que nas colônias podem se desenvolver mais livremente e, por conseguinte, tanto melhor comprovar seu valor. Assim, as co-

---

qualquer jeito, nessa corrida da morte, arregaçando as calças até os rins de uma forma cômica... e depois nos divertíamos contando os mortos."
2. Carl Siger [pseudônimo de Charles Henri Eugène Régismanset], *Essai sur la Colonisation*. Paris: Societé du Mercure de France, 1907.

lônias podem, até certo ponto, servir de válvula de escape para a sociedade moderna. Essa utilidade, ainda que fosse a única, já seria imensa."

A verdade é que há taras que estão além do poder de reparação de qualquer um e que nunca terminam de ser expiadas.

Mas falemos dos colonizados.

Vejo nitidamente o que a colonização destruiu: as admiráveis civilizações indígenas, e nem [Henri] Deterding, nem a Royal Dutch, nem a Standard Oil jamais me consolarão pelos astecas e incas.

Vejo nitidamente as civilizações — condenadas a prazo — em que a colonização introduziu um princípio de ruína: Oceania, Nigéria, Niassalândia. O que vejo com menos nitidez é o que lhes trouxe.

Segurança? Cultura? Legalismo? Nesse meio tempo, olho e vejo, por toda parte onde se veem confrontados colonizadores e colonizados, a força, a brutalidade, a crueldade, o sadismo, o embate e, como paródia da formação cultural, a fabricação apressada de alguns milhares de funcionários subalternos, *boys*, artesãos, retalhistas e intérpretes necessários ao bom andamento dos negócios.

Falei de contato.

Entre colonizador e colonizado, só há lugar para a corveia, a intimidação, a pressão, a polícia, o imposto, o roubo, o estupro, os cultivos obrigatórios, o desprezo, a desconfiança, o coveiro, a presunção, a grosseria, as elites descerebradas, as massas humilhadas.

Nenhum contato humano, apenas relações de dominação e submissão, que transformam o colonizador em peão, capataz, feitor, chicote, e o nativo em instrumento de produção.

É minha vez de enunciar uma equação: *colonização = coisificação*.

Já escuto a tempestade. Falam-me de progresso, de "realizações", de doenças curadas, de níveis de vida elevados além de qualquer expectativa.

E eu falo de sociedades esvaziadas de si mesmas, de culturas espezinhadas, de instituições minadas, de terras confiscadas, de religiões assassinadas, de magnificências artísticas aniquiladas, de extraordinárias possibilidades suprimidas.

Esparramam na minha frente fatos, estatísticas, quilometragens de estradas, de canais, de ferrovias.

E eu falo de milhares de pessoas sacrificadas como lastro da Congo-Oceano. Falo daqueles que, enquanto escrevo, estão cavando à mão o porto de Abidjã. Falo de milhões de pessoas apartadas de seus deuses, de sua terra, de seus costumes, de sua vida, da vida, da dança, do conhecimento.

Falo de milhões de pessoas a quem artificiosamente inculcaram o medo, o complexo de inferioridade, o estremecimento, o ajoelhamento, o desespero, a subserviência.

Querem impressionar com a tonelagem de algodão ou cacau exportado, com os hectares de olivais ou vinhedos plantados.

E eu falo de economias naturais, de economias harmoniosas e viáveis, de economias compatíveis com as condições dos nativos, que foram desorganizadas, de culturas de subsistência que foram destruídas, da subnutrição que se instalou, do desenvolvimento agrícola voltado exclusivamente para o benefício das metrópoles, de espólio de produtos, de espólio de matérias-primas.

Gabam-se de abusos suprimidos.

Também eu falo de abusos, mas para dizer que aos antigos — muito palpáveis — se sobrepuseram outros — muito detestáveis. Falam-me de tiranos locais trazidos à razão; mas constato que, de modo geral, eles mantêm ótimas relações com os novos, e que entre os antigos e os novos se estabeleceu, em detrimento de toda a gente, um circuito de colaboração e cumplicidade.

Falam-me de civilização, e eu falo de proletarização e de mistificação.

Da minha parte, faço a apologia sistemática das civilizações paraeuropeias.

Cada dia que passa, cada negação de justiça, cada espancamento policial, cada reivindicação operária afogada em sangue, cada escândalo abafado, cada expedição punitiva, cada camburão da CRS,[3] cada policial e cada miliciano nos fazem apreciar o valor de nossas antigas sociedades.

Eram sociedades comunitárias, nunca de todos para alguns.

Eram sociedades não apenas antecapitalistas, como já se disse, mas também *anticapitalistas*.

Eram sociedades democráticas, sempre.

Eram sociedades cooperativas, sociedades fraternais.

Faço a apologia sistemática das sociedades destruídas pelo imperialismo.

Elas eram o fato, não tinham pretensão nenhuma a ser a ideia, não eram, apesar de seus defeitos, nem execráveis nem condenáveis. Contentavam-se em ser. Perante elas, nem a palavra fracasso nem a palavra desventura faziam sentido. Elas preservavam intacta a esperança.

Ao passo que seriam as únicas palavras passíveis de serem aplicadas com toda a honestidade aos empreendimentos europeus fora da Europa. Meu único consolo é que as colonizações

---

3. N. da T. *Compagnies républicaines de sécurité*, corporação policial civil constituída por unidades móveis deslocadas para a proteção de autoridades, controle de vias públicas e manutenção ou restabelecimento da ordem.

passam, as nações não ficam dormentes por muito tempo e os povos permanecem.

Não obstante, parece que em determinados círculos fingiram descobrir em mim um "inimigo da Europa" e um profeta do regresso ao passado *ante*-europeu.

De minha parte, busco em vão onde possa ter sustentado tais argumentos; onde possam ter me visto subestimar a importância da Europa na história do pensamento humano; onde possam ter me ouvido pregar um regresso qualquer; onde possam ter me visto pretender que pudesse haver regresso.

A verdade é que eu disse algo inteiramente distinto: a saber, que a grande tragédia histórica da África foi menos o contato demasiado tardio com o resto do mundo do que a forma como se operou esse contato; que foi no momento em que a Europa havia caído nas mãos dos financistas e capitães da indústria mais desprovidos de escrúpulos que ela se "propagou"; que o nosso infortúnio quis que fosse essa a Europa que encontramos em nosso caminho e que a Europa se tornasse responsável perante a comunidade humana pela maior pilha de cadáveres da história.

Por outro lado, julgando a ação colonizadora, acrescentei que a Europa realizou a combinação perfeita com todos os vassalos nativos que aceitaram se colocar ao seu serviço; urdiu com eles uma perversa cumplicidade; tornou a tirania deles mais efetiva e eficaz; e que sua ação acarretou nada menos do que um prolongamento artificial da sobrevivência dos passados locais naquilo que tinham de mais pernicioso.

Disse — e isso é bem diferente — que a Europa colonizadora enxertou o abuso moderno na antiga injustiça; o odioso racismo na velha desigualdade.

Que, se o que querem julgar são minhas intenções, sustento que a Europa colonizadora é desleal ao legitimar *a posteriori* a ação colonizadora em virtude dos evidentes progressos materiais realizados em determinados âmbitos sob o regime colonial, tendo em vista que a mutação brusca é algo sempre possível, na história como em qualquer outro domínio; que ninguém tem como saber a que estágio de desenvolvimento material teriam chegado esses mesmos territórios sem a intervenção europeia; que o equipamento técnico, a reorganização administrativa, a "europeização", em suma, da África ou da Ásia não estiveram de modo nenhum vinculados à ocupação europeia, como prova o exemplo japonês; que a europeização dos continentes não europeus poderia ter ocorrido de outro modo que sob a botina da Europa; que esse movimento de europeização já estava em curso; que ele foi até retardado; que em todo caso ele foi distorcido pelo senhorio da Europa.

Prova disso é que, atualmente, são os nativos da África e da Ásia que exigem escolas e é a Europa colonizadora que as recusa; que são os africanos que demandam portos e estradas e é a Europa colonizadora que, nisso, economiza; que é o colonizado que quer seguir em frente e é o colonizador que segura o passo.

3

Prosseguindo, não faço segredo de que considero que, no momento atual, a barbárie da Europa Ocidental é incrivelmente elevada, superada apenas — de muito longe, é verdade — pela *americana*.

E não falo de Hitler, nem do feitor, nem do aventureiro, mas do "homem de bem" do outro lado da rua; nem da SS, nem do gângster, mas do burguês honesto. A candura de Léon Bloy se indignava outrora com o fato de que escroques, perjuros, falsários, ladrões e proxenetas fossem encarregados de "levar às Índias o exemplo das virtudes cristãs".

O progresso está em que, hoje, é o detentor das "virtudes cristãs" que disputa a honra — e sai-se muito bem com isso — de administrar no ultramar segundo os métodos dos falsários e torturadores.

Sinal de que a crueldade, a mentira, a baixeza e a corrupção morderam prodigiosamente a alma da burguesia europeia.

Repito que não falo nem de Hitler, nem da SS, nem do pogrom, nem da execução sumária. Mas daquela reação surpresa, daquele reflexo consentido, daquele cinismo tolerado. E, se quiserem testemunhos, daquela cena de histeria antropofágica que me foi dado presenciar na Assembleia Nacional Francesa.

Mas que barbaridade, meus caros (como se diz), tiro meu chapéu para vocês (meu chapéu de antropófago, obviamente).

Imaginem só, 90.000 mortos em Madagascar! A Indochina pisoteada, esmagada, assassinada, torturas resgatadas das profundezas da Idade Média! E que espetáculo! Esse arrepio de alívio que alentava o torpor de Vossas Excelências! Esses clamores selvagens! Bidault com seu ar de hóstia maculada — a antropofagia farisaica e santarrona; Teitgen, filhote crivoso feito o diabo, asneirão da desmiolagem — a antropofagia das pandectas; Moutet, a antropofagia tratante, a vagueação pomposa e a boca na botija; Coste-Floret, a antropofagia malcriada e que mete os pés pelas mãos.[4]

Inesquecível, senhores! Cingido com belas frases solenes e frias como bandagens, o malgaxe lhes é servido manietado. Algumas palavras pactuadas de antemão e ele é transpassado. É só o tempo de molhar a garganta e ele é estripado. Que belo trabalho! Nem uma só gota de sangue se perderá!

Há os que bebem até emborcar o copo, sem jamais misturar com água. Há os que, como Ramadier, lambuzam a cara, à maneira de Sileno; Fonlupt-Esperaber,[5] que engraxa o bigode no melhor estilo "velho gaulês de cabeça redonda"; o velho Desjardins debruçado por cima dos eflúvios da cuba, com eles se inebriando como se fosse vinho doce. Que violência a dos fracos! Algo significativo: não é pela cabeça que as civilizações apodrecem. É primeiro pelo coração.

Confesso que, no que se refere à saúde da Europa e da civilização, esses "mata! mata!", esses "é preciso que jorre sangue", arro-

---

4. N. da T. Referências a colegas deputados: Georges Bidault, Pierre-Henri Teitgen, Marius Moutet e Paul Coste-Floret; assim como os que são arrolados no parágrafo mais adiante: Paul Ramadier, Jacques Fonlupt-Esperaber e Charles Desjardins.
5. No fundo, não é má pessoa, como depois se comprovou, mas se deixou arrebatar naquele dia.

tados pelo velho trêmulo e pelo bom menino educado pelos bons padres, causam-me impressão muito mais repulsiva que os mais sensacionais assaltos às portas de qualquer banco parisiense.

E vejam bem que isso nada tem de excepcional.

A regra, pelo contrário, é a grosseria burguesa. Essa grosseria cujo rastro vem sendo seguido há um século. Espreitam-na, flagram-na, farejam-na, seguem-na, perdem-na, reencontram-na, acossam-na e ela se espalha cada dia mais nauseante. Ah, o racismo desses senhores não me aflige. Não me causa indignação. Dele apenas tomo conhecimento. Eu o constato, e isso é tudo. Quase lhe sou grato por se expressar e aparecer em plena luz do dia, como sinal. Sinal de que a intrépida classe que outrora se erguia na tomada das bastilhas perdeu o movimento das pernas. Sinal de que ela se sente mortal. Sinal de que ela se sente cadáver. E quando o cadáver balbucia, emanam dele coisas ao estilo desta:

"Havia muita verdade naquele movimento inicial dos europeus que, no século de Colombo, recusaram-se a reconhecer como semelhantes os degenerados que povoavam o Novo Mundo... Era-lhes impossível fixar por um só instante o olhar no selvagem sem ler o anátema escrito não apenas em sua alma, mas até na forma exterior do seu corpo."

E está assinado Joseph de Maistre.

(Esse é o padrão místico.)

E daquilo ainda emana isto:

"Do ponto de vista da seleção, eu consideraria lastimável o tão grande desenvolvimento numérico dos elementos amarelos e negros, que seriam de difícil eliminação. Se, no entanto, a sociedade futura se organizar sobre uma base dualista, *com uma classe dirigente dolicocéfala loira e uma classe de raça inferior confinada à mão de obra mais grosseira, é possível que este último papel corresponda a elementos amarelos e negros.* Nesse caso, aliás, eles não seriam um inconveniente, mas uma vantagem para os dolicocéfalos loiros... *Não se deve esquecer que* [a escravidão] *nada tem de mais anormal que a domesticação do cavalo ou do boi.* É possível, portanto, que ela ressurja no futuro de uma forma ou de outra. É até mesmo provável que isso se produza de maneira inevitável, se a solução simplista não se impuser: uma única raça superior, nivelada por seleção."

Esse é o padrão cientista e está assinado [Georges Vacher de] Lapouge.

E daquilo ainda emana isto (desta vez, padrão literário):

"Sei que devo me considerar superior aos pobres bayas do rio Mambéré. *Sei que devo ter orgulho de meu sangue.* Quando um homem superior deixa de se considerar superior, ele efetivamente deixa de ser superior... *Quando uma raça superior deixa de se considerar uma raça escolhida, ela efetivamente deixa de ser uma raça escolhida.*"

E está assinado "Psichari, soldado da África".

Traduzido em jargão jornalístico, obtém-se [Émile] Faguet:

"Apesar de tudo, o bárbaro é da mesma raça que o romano e o grego. É um primo. O amarelo, o negro não é de modo algum nosso primo. Existe neste caso uma verdadeira diferença, uma verdadeira distância — e bem grande — *etnológica. Afinal de contas, a civilização até hoje só foi feita por brancos...* Se a Europa se tornasse amarela, certamente haveria uma regressão, um novo período de obscurantismo e confusão, isto é, uma segunda Idade Média."

E então, mais baixo, sempre mais baixo, até o fundo do poço, mais baixo do que consegue alcançar a pá, Jules Romains, da Academia Francesa e da *Revue des Deux Mondes* (pouco importa, obviamente, que o Sr. Farigoule tenha mudado mais uma vez de nome e passe aqui a se chamar Salsette por uma questão de conveniência). O que importa é que Jules Romains chega ao ponto de escrever isto:

"Só aceito discutir com quem estiver disposto a contemplar a seguinte hipótese: uma França que tenha em seu território metropolitano dez milhões de negros, dos quais cinco ou seis milhões no Vale do Garonne. O preconceito racial jamais atingiria nossas valorosas populações do Sudoeste? Nenhuma inquietação, caso fosse levantada a questão de conceder todos os poderes a esses negros, filhos de escravos?... Já me aconteceu de ter diante de mim uma fileira de uns vinte negros puros... Nem sequer criticarei nossos negros e negras por mascarem chiclete. Apenas observarei... que esse movimento tem o efeito de realçar os maxilares e que as evocações que vêm à mente nos aproximam mais da floresta equatorial do que da procissão das panateneias... A raça negra ainda não produziu nem jamais produzirá um Einstein, um Stravinsky, um Gershwin."

Comparação idiota por comparação idiota: já que o profeta da *Revue des Deux Mondes* e de outras paragens nos convida às aproximações "distantes", que ele permita ao negro que sou considerar — pois ninguém é senhor das próprias associações de ideias — que sua voz tem menos relação com o murmúrio do carvalho ou dos trípodes de Dodona do que com o zurro dos asnos do Missouri.

Mais uma vez, faço sistematicamente a apologia de nossas antigas civilizações negras: eram civilizações refinadas.

Mas então, haverão de me dizer, o verdadeiro problema é retornar a elas. Não, repito. Não somos pessoas do "ou bem isto ou então aquilo". Para nós, o problema não é de uma tentativa utópica e estéril de replicação, mas de uma superação. Não é uma sociedade morta que queremos ressuscitar. Deixamos isso para os amantes do exotismo. Nem tampouco é a sociedade colonial atual que queremos prolongar, a carniça mais pútrida que já se decompôs sob o sol. O que precisamos é criar, com a ajuda de todos os nossos irmãos escravos, uma sociedade nova, imbuída da riqueza de toda a força produtiva moderna e do calor de toda a fraternidade ancestral.

A União Soviética nos oferece alguns exemplos de que isso é possível...

Mas voltemos a Jules Romains.

Não se pode dizer que o pequeno-burguês não tenha lido nada. Pelo contrário, ele leu tudo, devorou tudo.

Mas é que o seu cérebro funciona como alguns aparelhos digestivos de tipo elementar. Ele filtra. E o filtro só deixa passar aquilo que serve para cevar a crosta da boa consciência burguesa.

Os vietnamitas, antes da chegada dos franceses ao seu país, eram gente de cultura antiga, sofisticada e requintada. Essa lembrança incomoda o Banco da Indochina. Acionem a máquina do esquecimento!

Quer dizer que esses malgaxes, que hoje são torturados, há menos de um século eram poetas, artistas, administradores? Psiu! Boca calada! E o silêncio se instala, profundo como uma caixa-forte! Felizmente restam os negros. Ah, os negros! Falemos dos negros!

Pois bem, falemos deles.

Impérios sudaneses? Bronzes do Benin? Escultura songai? De bom grado; isso nos livraria de tantas obras pavorosamente insípidas que adornam tantas capitais europeias. Música africana. Por que não?

E daquilo que disseram, daquilo que viram os primeiros exploradores... Não dos que comiam nas manjedouras das Companhias! Mas dos d'Elbées, dos Marchais, dos Pigafettas! E então Frobenius! Digam, vocês sabem quem foi Frobenius?[6] E lemos juntos:

"Civilizados até a medula dos ossos! A ideia do negro bárbaro é uma invenção europeia."

O pequeno-burguês não quer ouvir mais nada. Com um abano nas orelhas, ele afugenta a ideia.

A ideia, essa mosca importuna.

---

6. N. da T. Referências aos exploradores François d'Elbée, Reynaud des Marchais, Filippo Pigafetta e ao antropólogo e arqueólogo Leo Frobenius.

4

Portanto, camarada, terás como inimigos — de maneira altiva, lúcida e consequente — não apenas governadores sádicos e prefeitos torturadores, não apenas colonos açoitadores e banqueiros vorazes, não apenas políticos reaproveitadores papa-cheques e magistrados paus-mandados, mas igualmente, e pela mesma razão, jornalistas venéficos, acadêmicos gotosos endolarados de tolices, etnógrafos metafísicos e dogonados,[7] teólogos mirabolantes e belgas, intelectuais fanfarrões, saídos todos fedorentos da coxa de Nietzsche ou "mendicantes mas filhos do rei" caídos não se sabe de qual Plêiade, os paternalistas, os abraçadores, os corruptores, os distribuidores de tapinhas nas costas, os apreciadores do exotismo, os divisores, os sociólogos rurais, os adormecedores, os mistificadores, os exauridores, os reviravolteadores e, de uma forma geral, todos os que, desempenhando seu papel na sórdida divisão do trabalho em defesa da sociedade ocidental e burguesa, tentam das maneiras mais variadas e por meio de infames desvios desagregar as forças do progresso — mesmo que isso implique negar a própria possibilidade de progresso —, todos sequazes do capitalismo, todos adeptos declarados ou envergonhados do colonialismo saqueador, todos cúmplices,

---

[7]. N. da T. Possível referência ao elevado nível de codificação e hermetismo associado ao uso de máscaras entre os dogons.

todos execráveis, todos negreiros, todos agora contribuintes para a agressividade revolucionária.

E que me sejam varridos para longe todos os obscurantistas, todos os inventores de subterfúgios, todos os charlatães mistificadores, todos os manejadores de despautérios. E não queiras saber se esses senhores são pessoalmente de boa ou de má-fé, se são pessoalmente bem ou mal-intencionados, se pessoalmente, quer dizer, no íntimo de sua consciência, são Pedro ou Paulo, colonialistas ou não, o fundamental é que sua perfeitamente aleatória boa-fé subjetiva não tem relação nenhuma com o alcance objetivo e social do trabalho sujo que fazem como cães de guarda do colonialismo.

E nesta mesma linha cito, a título de exemplos (tomados propositalmente de disciplinas bem diversas):

— De [Pierre] Gourou, seu livro: *Les pays tropicaux*,[8] no qual, em meio a observações acertadas, é expressa de forma preconceituosa e inadmissível a tese fundamental de que jamais houve uma grande civilização tropical, de que civilizações grandes só houve em clima temperado, de que em qualquer país tropical o germe da civilização vem e só pode vir de algum outro lugar extratropical e de que sobre os países tropicais pesa, se não a maldição biológica dos racistas, pelo menos — e com as mesmas consequências — uma não menos eficaz maldição geográfica.

— Do Reverendo Padre Tempels,[9] missionário e belga, sua *Filosofia Bantu*, lodosa e mefítica como seria de se esperar, mas

---

8. N. da T. Paris, PUF, 1947.
9. N. da T. Tempels, Placide Frans. *La Philosophie bantoue*. Lovania: Elisabethville, 1945 [*A Filosofia Bantu*]. Tradução de Amélia Arlete Mingas e Zavoni Ntondo. Luanda: Edições Kuwindula (Faculdade de Letras da Universidade Agostinho Neto), 2016.

descoberta de maneira muito oportuna, como outros fizeram com o hinduísmo, para fazer frente ao "materialismo comunista", que ao que parece ameaça fazer dos negros "vagabundos morais".

— Dos historiadores ou romancistas da civilização (é tudo a mesma coisa), não deste ou daquele, mas de todos, ou quase, sua falsa objetividade, seu chauvinismo, seu racismo sorrateiro, sua perversa fixação em negar qualquer mérito às raças não brancas, especialmente às raças melânicas, sua obsessão em reservar para sua própria raça o monopólio de toda e qualquer glória.

— Os psicólogos, sociólogos etc., suas visões sobre o "primitivismo", suas pesquisas direcionadas, suas generalizações interessadas, suas especulações tendenciosas, sua insistência quanto ao caráter à margem, o caráter *"à parte"* dos não brancos, sua rejeição — pelas exigências da causa, ao mesmo tempo que cada um desses senhores se arroga, para denunciar de mais alto o despropósito do pensamento primitivo, o mais resoluto racionalismo —, sua bárbara rejeição da frase de Descartes, preceito do universalismo: que "a razão... existe inteiramente em cada um" e que não há "mais nem menos senão entre os acidentes, e não entre as formas ou naturezas dos indivíduos de uma mesma espécie".[10]

Mas não vamos depressa demais. Vale a pena acompanhar alguns desses senhores.

Não me estenderei sobre o caso dos historiadores; nem dos historiadores da colonização nem dos egiptólogos, sendo o caso dos primeiros óbvio demais e tendo sido, no caso dos segundos, o mecanismo de sua mistificação definitivamente desmantelado por Cheikh Anta Diop em seu livro *Nations nègres et Culture* — o

---

10. N. da T. Descartes, René. *Discurso do Método*. Tradução de Jacob Guinsburg e Bento Prado Jr., *in Obras escolhidas*. São Paulo: Difel, 1962, pp. 39-103, p. 41.

mais audacioso que um negro já escreveu até hoje e que contribuirá, sem dúvida nenhuma, para o despertar da África.[11]

Recuemos um pouco. Até o Sr. Gourou, mais precisamente.

Preciso dizer que é de bem alto que o eminente estudioso mede as populações nativas, que "não tiveram nenhuma participação" no desenvolvimento da ciência moderna? E que não é do esforço dessas populações, de sua luta libertadora, de seu combate concreto pela vida, pela liberdade e pela cultura que ele espera a salvação dos territórios tropicais, mas do bom co-

---

11. Cf. Cheikh Anta Diop, *Nations nègres et Culture*. Paris: Présence Africaine, 1955. Tendo Heródoto afirmado que os egípcios originalmente não eram mais do que uma colônia dos etíopes; tendo Diodoro Sículo repetido a mesma coisa e agravado seu caso ao retratar os etíopes de modo que não pudesse haver confusão a respeito (*Plerique omnes* — para citar a tradução latina — *nigro sunt colore, facie sima, crispis capilis* [São majoritariamente de cor negra, de rosto achatado e cabelos crespos], *Bibliothecae Historicae* (edição bilíngue greco-latina), livro III, § 8, p. 178 [103]. Jacob Wetstein: Amsterdã, 1746), era da maior importância rebatê-los. Em vista disso, e do fato de que quase todos os estudiosos ocidentais estavam decididos a arrebatar o Egito da África, mesmo incorrendo no risco de não serem mais capazes de explicá-lo, havia várias maneiras de conseguir isso: o método Gustave Le Bon, a afirmação brutal, descarada: "Os egípcios são camitas, ou seja, brancos, como os lídios, os getulos, os mouros, os númidas, os berberes"; o método [Gaston] Maspero, que consiste em vincular, a contrapelo de qualquer plausibilidade, a língua egípcia às línguas semíticas, mais especificamente ao tipo hebraico-aramaico, de onde deriva a conclusão de que os egípcios, na origem, só poderiam ser semitas; o método [Arthur] Weigall, geográfico este, segundo o qual a civilização egípcia só poderia ter nascido no Baixo Egito e que de lá teria passado ao Alto Egito, subindo o rio... visto que não o podia descer (*sic*). Percebe-se que a razão secreta dessa impossibilidade é que o Baixo Egito é próximo do Mediterrâneo, e portanto das populações brancas, enquanto o Alto Egito é próximo da terra dos negros.

A respeito disso, e no intuito de opô-la à tese de Weigall, é interessante recuperar a perspectiva de [Georg August] Schweinfurth (*Au cœur de l'Afrique*, tome 1. Paris: Hachette, 1875 [*Im Herzen von Afrika*, Teil 1. F. A. Brockhaus: Leipzig, 1874]) sobre a origem da flora e da fauna do Egito, que ele situa "a centenas de milhas rio acima".

lonizador; tendo em vista que a lei é formal, a saber, que "são os elementos culturais preparados em regiões extratropicais que asseguram e assegurarão o progresso das regiões tropicais rumo a uma população mais numerosa e a uma civilização superior".

Cheguei a dizer que existem observações acertadas no livro de Gourou: "O meio tropical e as sociedades nativas", escreve ele, fazendo o balanço da colonização, "sofreram pela introdução de técnicas mal adaptadas, as corveias, o uso de carregadores, o trabalho forçado, a escravidão, a transplantação de trabalhadores de uma região para outra, modificações súbitas do meio biológico, condições especiais novas e menos favoráveis".

Que proeza! A cara do reitor! A cara do ministro quando ler isso! O nosso Gourou se soltou; pronto; dirá tudo agora; ele começa: "Os territórios quentes típicos se veem diante do seguinte dilema: estagnação econômica e salvaguarda dos nativos ou desenvolvimento econômico transitório e retrocesso dos nativos". "Senhor Gourou, isso é muito grave! Devo adverti-lo solenemente que, se continuar com isso, é a sua carreira que está em jogo." Então o nosso Gourou opta por manter a discrição e furtar-se a precisar que, se o dilema existe, é apenas no quadro do regime atual; que, se essa antinomia representa uma lei férrea, só é a lei férrea do capitalismo colonialista, de uma sociedade, portanto, não apenas perecível, mas já em vias de perecer.

Que impura e profana essa geografia!

Se há algo melhor, é o Reverendo Padre Tempels. Que se saqueie e se torture no Congo, que o colonizador belga se apodere de toda a riqueza, que mate toda e qualquer liberdade, que oprima toda e qualquer dignidade — que siga em paz, o Reverendo Padre Tempels dá sua benção. Mas atenção! Vocês vão ao Congo? Há que se respeitar, não digo a propriedade nativa (as grandes companhias belgas poderiam considerar isso um entrave em seu caminho), não digo a liberdade dos nativos (os colonos belgas poderiam ver nisso propostas subversivas), não digo a pátria congolesa (há o risco de o governo belga levar isso a mal), digo — Se forem ao Congo, respeitem a filosofia bantu!

"Seria realmente inaudito", escreve o Reverendo Padre Tempels, "que o educador se obstinasse em matar no homem negro seu espírito humano próprio, essa única realidade que nos impede de considerá-lo um ser inferior! Seria um crime de lesa-humanidade da parte do colonizador emancipar as raças primitivas daquilo que é valioso, daquilo que representa um núcleo de verdade em seu pensamento tradicional etc."

Quanta generosidade, meu padre! E quanto zelo!

Ora, pois saibam que o pensamento bantu é essencialmente ontológico; que a ontologia bantu é fundada em noções verdadeiramente essenciais de força vital e de hierarquia de forças vitais; que, enfim, para o bantu, a ordem ontológica que define o mundo vem de Deus[12] e, por ordem divina, deve ser respeitada...

Admirável! Todo mundo sai ganhando com isso: as grandes companhias, os colonos, o governo, exceto o bantu, naturalmente.

Sendo ontológico o pensamento dos bantus, eles só exigem satisfação de ordem ontológica. Salários decentes? Habitações confortáveis? Alimentação? Esses bantus são puro espírito, digo a vocês: "O que eles desejam, antes de mais nada e acima de tudo, não é a melhoria de sua situação econômica ou material, e sim o reconhecimento pelo branco e seu respeito por sua dignidade humana, por seu pleno valor humano".

---

12. É óbvio que aqui atacamos não a filosofia bantu, mas a utilização que algumas pessoas, para fins políticos, decidem fazer dela.

Em suma, basta um aceno de chapéu para a força vital bantu, uma piscadela para a imortal alma bantu. E vocês já ficam quites! Vocês hão de convir que sai bem barato!

Quanto ao governo, do que haveria de se queixar? Já que, como nota o Reverendo Padre Tempels, com satisfação evidente, "desde o primeiro contato, os bantus nos contemplaram, a nós brancos, do ponto de vista que lhes era possível, o da sua filosofia bantu" e *"nos integraram, em sua hierarquia dos seres-forças, num patamar muito elevado".*

Dito com outras palavras, consigam que no topo da hierarquia das forças vitais bantus tome assento o branco, e especialmente o belga, e mais especialmente ainda Alberto ou Leopoldo, e a manobra estará completa. Será alcançada a seguinte maravilha: *o Deus bantu será garante da ordem colonialista belga e será sacrílego qualquer bantu que ousar erguer a mão contra ela.*

Quanto ao Sr. Mannoni, suas considerações sobre a alma malgaxe e seu livro merecem a maior atenção.

Tratem de segui-lo passo a passo nas voltas e reviravoltas de seus truques de ilusionismo, e eles lhes demonstrará, claro como o dia, que a colonização se funda na psicologia; que existem mundo afora grupos de pessoas acometidas, não se sabe como, por um complexo que deve ser chamado de complexo de dependência; que esses grupos são psicologicamente constituídos para serem dependentes; que têm necessidade da dependência, que a postulam, que a demandam, que a exigem; que é esse o caso da maioria dos povos colonizados, dos malgaxes em especial.

Basta de racismo! Basta de colonialismo! Isso pode deixar o bárbaro interior muito à mostra. O Sr. Mannoni tem algo melhor a oferecer: a psicanálise. Temperada com um toque de existencialismo, os resultados são impressionantes: os lugares-comuns mais banais ganham novo solado e são recondicionados; os preconceitos mais absurdos são explicados e legitimados; e magicamente a nuvem se transforma em Juno.

Mas ouçam o que ele diz:

"O destino do ocidental vai ao encontro da obrigação de obedecer ao mandamento: *Deixarás teu pai e tua mãe*. Essa obrigação é incompreensível para o malgaxe. Todo europeu, em um dado momento de seu desenvolvimento, descobre em si o desejo ... de romper seus laços de dependência, de se igualar a seu pai. O malgaxe nunca! Ele ignora a rivalidade com a autoridade paterna, o 'protesto viril', a inferioridade adleriana, provas pelas quais o europeu deve passar e que são como que as formas civilizadas ... dos ritos de iniciação por meio dos quais se atinge a virilidade."

Não se assustem com as sutilezas do vocabulário, com as novidades terminológicas! Vocês conhecem o refrão: "Os negros são crianças grandes". Ele é trazido lá de trás para vocês, enfeitado, embrulhado, e o resultado é Mannoni. Insisto para que não se preocupem! No começo da jornada, pode parecer um pouco penoso, mas verão que, na chegada, toda a sua bagagem lhes será entregue. Não ficará faltando nada, nem mesmo o célebre fardo do homem branco. Então ouçam: "Por meio dessas provas (reservadas ao ocidental),[13] é vencido o medo pueril do abandono e são adquiridas a liberdade e a autonomia, a um só tempo bens supremos e fardos do ocidental".

E o malgaxe? — vocês talvez perguntem. Raça servil e dissimulada, diria Kipling. Já Mannoni diagnostica: "O malgaxe nem sequer tenta imaginar uma situação semelhante de abandono ...

---

13. N. da T. Os parênteses indicam, aqui e no que se segue, comentários interpostos pelo próprio Aimé Césaire nas citações.

Ele não almeja nem autonomia pessoal nem livre responsabilidade". (Como vocês bem sabem, senão vejamos. Esses negros nem sequer imaginam o que é a liberdade. Eles não a almejam, não a reivindicam. São os agitadores brancos que lhes enfiam isso na cabeça. E ainda que ela lhes fosse concedida, não saberiam o que fazer com ela.)

Se chamarmos a atenção do Sr. Mannoni para o fato de que, no entanto, os malgaxes se revoltaram diversas vezes desde o início da ocupação francesa e, mais recentemente ainda, em 1947, Mannoni, fiel a suas premissas, explicará a vocês que se trata, nesses casos, de um comportamento puramente neurótico, uma loucura coletiva, um comportamento de amouco; que, de mais a mais, para os malgaxes, a questão no caso não era se lançarem à conquista de bens reais, mas de uma "segurança imaginária", o que obviamente implica que a opressão da qual se queixam é uma opressão imaginária. Tão patentemente, tão demencialmente imaginária, que não seria impróprio falar de monstruosa ingratidão, segundo o tipo clássico do fijiano que incendeia o tendal do capitão que curou suas feridas.

Que, se vocês fizerem a crítica do colonialismo que encurrala a ponto do desespero as populações mais pacíficas, o Sr. Mannoni lhes explicará que, no fim das contas, o responsável *não é o branco colonialista*, mas os malgaxes colonizados. Mas que diabos! Viam os brancos como deuses e deles esperavam tudo o que se espera da divindade!

Que, se vocês acham que o tratamento dedicado à neurose malgaxe foi um pouco rude, o Sr. Mannoni, que tem resposta para tudo, provará que as famosas brutalidades de que se fala foram amplamente exageradas, que estamos em pleno terreno ficcional... neurótico, que as torturas eram torturas imaginárias perpetradas por "carrascos imaginários". Quanto ao governo francês, ter-se-ia mostrado particularmente moderado, pois se contentou em prender os deputados malgaxes, sendo que os deveria ter *sacrificado*, se quisesse respeitar as leis de uma boa psicologia.

Não estou exagerando. É Mannoni quem fala: "Trilhando caminhos já clássicos, esses malgaxes convertiam seus santos em mártires, seus salvadores em bodes expiatórios; queriam lavar seus pecados imaginários no sangue de seus próprios deuses. Estavam dispostos, mesmo a esse preço, ou melhor, *apenas a esse preço*, a reverter uma vez mais a própria atitude. Um traço dessa psicologia dependente parece ser que, tendo em vista que ninguém pode servir a dois senhores, convinha que um dos dois fosse *sacrificado* ao outro. Os setores mais agitados dos colonialistas de Tananarive compreendiam com certa confusão o essencial dessa psicologia do sacrifício, e eles faziam suas vítimas. Cercavam o Alto-Comissariado, prometendo que, se lhes fosse oferecido o sangue de alguns inocentes, 'todos ficariam satisfeitos'. Essa atitude, nada honrosa do ponto de vista humano, estava *fundada numa percepção de modo geral muito acertada das perturbações emocionais que vinham afetando a população das terras altas.*"

Daí a absolver os colonialistas sedentos de sangue, basta obviamente um passo. A "psicologia" do Sr. Mannoni é tão "desinteressada", tão "livre" quanto a geografia do Sr. Gourou ou a teologia missionária do Reverendo Padre Tempels!

E é esta a impressionante unidade por trás disso tudo, a perseverante tentativa burguesa de reduzir os problemas mais humanos a noções confortáveis e vazias: a *ideia* do complexo de dependência de Mannoni, a *ideia* ontológica de Tempels, a *ideia* da "tropicalidade" de Gourou. Onde entra o Banco da Indochina em tudo isso? E o Banco de Madagascar? E o açoite? E o imposto? E o punhado de arroz destinado ao malgaxe ou ao *nhaqué*?[14] E esses mártires? E esses inocentes assassinados? E esse dinheiro sangrento que se acumula em seus cofres, senhores? Volatilizados! Desaparecidos, confundidos, irreconhecíveis no reino dos pálidos raciocínios.

Há uma infelicidade, no entanto, para esses senhores. É que o entendimento burguês se mostra cada vez menos afeito à sutileza, e seus mestres estão fadados a dela se afastarem cada vez mais, para cada vez mais acolher outros métodos menos sutis e mais brutais. É justamente isso que oferece uma oportunidade a Yves Florenne. E, de fato, veem-se na tribuna do jornal *Le Monde,* cuidadosamente ordenadas, suas pequenas ofertas de serviço. Nada que possa surpreender. Totalmente garantido, com eficácia a toda prova e submetido a testes conclusivos, o que temos aqui é racismo, um racismo francês ainda franzino por certo, mas promissor. Melhor ouvir dele mesmo:

"Nossa leitora... (uma professora que teve a audácia de contradizer o irascível Sr. Florenne) experimenta, ao contemplar dois jovens mestiços, alunos seus, *a sensação de orgulho que lhe dá perceber uma crescente integração em nossa família francesa...* Sua sensação seria a mesma se visse o inverso, a França se integrar à família negra (ou amarela, ou vermelha, pouco importa), ou seja, diluir-se, desaparecer?"

É evidente que, para o Sr. Yves Florenne, é o sangue que faz a França e as bases da nação são biológicas: "Seu povo e seu gênio são feitos de um equilíbrio milenar, ao mesmo tempo vigoroso e delicado, e... determinadas rupturas inquietantes desse equilíbrio coincidem com a infusão massiva e muitas vezes perigosa de sangue estrangeiro que ela vem sofrendo já há uns trinta anos."

---

14. N. da T. Termo pejorativo usado, sobretudo no contexto colonial, para se referir aos camponeses vietnamitas.

Em suma, a mestiçagem, esse é o inimigo. Nada mais de crise social! Nada mais de crise econômica! Agora só existem crises raciais! É claro que o humanismo não perde suas prerrogativas (afinal, estamos no Ocidente), mas convenhamos:

"Não é se perdendo no universo humano com seu sangue e o seu espírito que a França será universal, é permanecendo ela mesma." Eis aonde chegou a burguesia francesa, cinco anos após a derrota de Hitler! E é justamente aí que reside seu castigo histórico: ser condenada a ruminar o vômito de Hitler, voltando a isso como que por vício.

Porque, afinal, o Sr. Yves Florenne ainda estava a burilar romances rurais, "dramas da terra", histórias de mau-olhado, quando — com o olho mau de um jeito que não era o de um rústico vilão de jetatura — Hitler anunciou:

"O objetivo supremo do Estado-Povo é preservar os elementos originários da raça, que, difundindo a cultura, criam a beleza e a dignidade de uma humanidade superior."

Essa filiação o Sr. Yves Florenne conhece bem.

E isso nem de longe parece constrangê-lo.

Tudo bem, é seu direito.

Como também é nosso direito nos indignarmos com isso.

Pois, afinal, é preciso tomar partido e reconhecer, de uma vez por todas, que a burguesia está fadada a ser cada dia mais furiosa, mais ostensivamente feroz, mais desprovida de pudor, mais sumariamente bárbara; que é uma lei implacável que toda classe decadente se vê transformada em receptáculo para onde conflui todo o esgoto da história; que é uma lei universal que toda classe, antes de desaparecer, deve previamente se desonrar por completo, por todos os lados, e que é com a cabeça enfiada no esterco que as sociedades moribundas entoam seu canto do cisne.

5

O histórico, a propósito, é avassalador.

Um animal selvagem, que, pelo elementar exercício de sua vitalidade, derrama o sangue e semeia a morte — recordamos que, historicamente, foi sob essa forma de arquétipo feroz que a sociedade capitalista se revelou à consciência e ao espírito dos melhores.

O animal depois se anemizou; sua pelagem rareou, seu couro se enrugou, mas a ferocidade se manteve, ligeiramente envolta no sadismo. Hitler tem as costas largas, Rosenberg tem as costas largas. Têm as costas largas Junger e os outros. A SS tem as costas largas.

Mas isto:

"Tudo neste mundo transpira crime: o jornal, a muralha e a face do homem."[15]

É Baudelaire, e Hitler nem havia nascido!

Prova de que o mal vem de mais longe.

E Isidore Ducasse, Conde de Lautréamont!

Quanto a isso, já é hora de dissipar a atmosfera de escândalo que foi criada em torno dos *Cantos de Maldoror*.

Monstruosidade? Aerólito literário? Delírio de uma imaginação enferma? Ora, convenhamos! Como isso é cômodo!

---

15. N. da T. *Mon coeur mis à nu, journal intime* (1859), in Oeuvres complètes, t. I. Paris: Gallimard, 1975, p. 706.

A verdade é que bastou a Lautréamont observar, olhos nos olhos, o homem de ferro forjado pela sociedade capitalista, para apreender o *monstro*, o monstro cotidiano, seu protagonista.

Ninguém nega a veracidade de Balzac.

Mas atenção: peguem Vautrin, retornado das terras quentes, deem a ele as asas de arcanjo e os calafrios da malária, soltem-no no calçamento parisiense acompanhado por um cortejo de vampiros uruguaios e marabuntas, e terão Maldoror.

Uma variação de cenário, mas é o mesmo mundo, é a mesma pessoa, dura, inflexível, sem escrúpulos, apreciadora, como nenhuma outra, "da carne alheia".[16]

Para abrir aqui parênteses dentro dos meus parênteses, acredito que chegará um dia em que, reunidos todos os elementos, verificadas todas as fontes, elucidadas todas as circunstâncias da obra, será possível oferecer aos *Cantos de Maldoror* uma interpretação materialista e histórica, que lançará luz sobre um aspecto ainda pouco conhecido dessa epopeia frenética, o de uma implacável denúncia de uma forma muito precisa de sociedade, de um modo que não tinha como escapar aos olhares mais atentos por volta de 1865.

É evidente que, de antemão, será preciso desobstruir o caminho dos comentários ocultistas e metafísicos que o embargam; restituir a importância às estrofes deixadas de lado — aquela estranha, por exemplo, mais que todas, da mina de piolhos,[17] sendo inevitável abraçar a perspectiva de que nela figura nada mais nada menos do que a denúncia do poder maléfico do ouro e do entesouramento; restituir ao seu verdadeiro lugar o admirável episódio do ônibus

---

16. N. da T. Lautréamont [Conde de; pseudônimo de Isidore Lucien Ducasse], *Os Cantos de Maldoror*. Tradução de Joaquim Brasil Fontes. Campinas: Editora da Unicamp, 2015, p. 188.
17. N. da T. *Ibid.*, p. 119.

e aceitar enxergar ali o que tão categoricamente ali está, a saber, a pintura por muito pouco ainda alegórica de uma sociedade em que os privilegiados, confortavelmente sentados, se recusam a se espremer para dar espaço ao recém-chegado, e — diga-se de passagem — quem acolhe a criança brutalmente rechaçada?[18] O povo! Aqui representado pelo trapeiro. O trapeiro de Baudelaire:

> E, alheio aos guardas e alcaguetes mais abjetos,
> Abre seu coração em gloriosos projetos.
> Juramentos profere e dita leis sublimes
> Derruba os maus, perdoa as vítimas dos crimes.[19]

Então se torna compreensível — não é mesmo? — que o inimigo a partir do qual Lautréamont constituiu *o inimigo*, o "Criador" antropófago e descerebrador, o sádico empoleirado em um trono "formado de excrementos humanos e de ouro", o hipócrita, o devasso, o vadio que "come o pão dos outros" e que de tempos em tempos é encontrado caído de bêbado, "como um percevejo que mascou durante a noite três tonéis de sangue",[20] torna-se compreensível que não é por trás das nuvens que se deve procurar por esse criador, mas que temos mais chance de encontrá-lo no Anuário Desfossés e em algum confortável conselho diretor![21]

---

18. N. da T. *Ibid.*, p. 101-103.
19. N. da T. *O vinho dos trapeiros, in* Baudelaire, Charles. *As flores do mal.* Tradução de Ivan Junqueira. Rio de Janeiro: Nova Fronteira, 1985, p. 379.
20. N. da T. Lautréamont [Conde de; pseudônimo de Isidore Lucien Ducasse], *op. cit.*, pp. 114 e 160.
21. N. da T. Publicado a partir de 1907, o *Annuaire Desfossés* registrava as cotações das ações negociadas na Bolsa de Paris e os negócios interbancários, celebrizando-se como ícone do capitalismo financeiro francês.

Mas deixemos isso por ora.

Não há nada que os moralistas possam fazer quanto a isso.

Queira ou não, a burguesia enquanto classe está fadada a assumir o encargo de toda a barbárie da história, das torturas da Idade Média e da Inquisição, da razão de estado e do belicismo, do racismo e da escravidão, em suma, de tudo aquilo contra o que ela protestou, e em termos inolvidáveis, no tempo em que, como classe na ofensiva, era a encarnação do progresso humano.

Não há nada que os moralistas possam fazer quanto a isso. Há uma lei de *desumanização progressiva*, em virtude da qual, daqui em diante, na ordem do dia da burguesia, não existe, não poderá existir nada além de violência, corrupção e barbárie.

Eu já estava a ponto de esquecer o ódio, a mentira, a presunção.

Eu já estava a ponto de esquecer Roger Caillois.[22]

Ora, bem, o Sr. Caillois, a quem desde sempre foi confiada a missão de ensinar a um século indolente e desleixado o rigor do pensamento e a sobriedade do estilo, acaba de ser acometido por um ataque de cólera.

O motivo?

A grande traição da etnografia ocidental, que, de algum tempo para cá, com uma lamentável deterioração de seu senso de responsabilidade, vem se empenhando em colocar em dúvida a superioridade, sob todos os aspectos, da civilização ocidental sobre as civilizações exóticas.

De repente, o Sr. Caillois avança para a batalha.

A Europa tem a virtude de, no momento mais crítico, suscitar heroísmos redentores desse tipo.

---

22. Cf. Roger Caillois, "Illusions à rebours", *La Nouvelle Nouvelle Revue Française* 24 e 25, 1954 e 1955, pp. 1010-1024 e pp. 58-70.

Seria imperdoável não recordarmos o Sr. [Henri] Massis, que, pelos idos de 1927, lançou uma Cruzada em defesa do Ocidente.[23]

Só queremos assegurar que melhor sorte caberá ao Sr. Caillois, que, para defender a mesma causa sagrada, converte sua pena em famígero punhal de Toledo.

O que dizia o Sr. Massis? Lamentava que "o destino da civilização do Ocidente e o destino do homem em si" estivessem ameaçados hoje em dia; que por toda parte se esforçassem em "apelar para nossas angústias, negar os atributos da nossa cultura, questionar o essencial dos nossos haveres", e o Sr. Massis fazia juras de ir à guerra contra esses "desastrosos profetas".

Não é de outro modo que o Sr. Caillois identifica o inimigo. São esses "intelectuais europeus" que, "por uma frustração e um ressentimento excepcionalmente agudos", vêm há uns cinquenta anos teimando em "renegar os diversos ideais da sua cultura" e que, com isso, alimentam, "particularmente na Europa, um persistente mal-estar".

É a esse mal-estar, a essa inquietude, que o Sr. Caillois, pela parte que lhe toca, pretende dar um fim.[24]

---

23. N. da T. Massis, Henri. *Défense de l'Occident*. Paris: Plon, 1927.
24. É significativo que, ao mesmo tempo que o Sr. Caillois empreendia sua cruzada, uma revista colonialista belga, de inspiração governista (*Europe-Afrique* 6, janeiro de 1955), lançava um ataque absolutamente idêntico contra a etnografia: "Antigamente, o colonizador via sua relação com o colonizado basicamente como a de homem civilizado com um homem selvagem. A colonização se baseava, assim, em uma hierarquia, certamente grosseira, mas vigorosa e clara."
É essa relação hierárquica que o autor do artigo, um tal Sr. Piron, acusa a etnografia de destruir. Como o Sr. Caillois, ele se lança no encalço de Michel Leiris e Lévi-Strauss. Ao primeiro, recrimina por ter escrito em seu opúsculo [*Race et civilisation*.] *La Question raciale devant la Science moderne* [Paris: UNESCO, 1951]: "É pueril querer hierarquizar a cultura". Ao segundo, por confrontar o "falso evolucionismo", na medida em que "tenta suprimir a

E, de fato, desde o inglês da era vitoriana, jamais houve quem passeasse pela história com uma consciência tão limpa e serena e tão pouco perturbada pela dúvida.

Sua doutrina? Tem o mérito de ser simples.

Que o Ocidente inventou a ciência. Que só o Ocidente sabe pensar; que nos limites do mundo ocidental começa o tenebroso reino do pensamento primitivo, que, dominado pela ideia de participação, incapaz de lógica, é o exemplo acabado do pensamento errôneo.

Isso causa um sobressalto. Objeta-se ao Sr. Caillois que a célebre lei da participação, inventada por Lévy-Bruhl, o próprio Lévy-Bruhl renegou; que, no ocaso da sua vida, proclamou perante o mundo ter-se equivocado "ao querer definir como lógico um caráter ínsito à mentalidade primitiva"; que ele, pelo contrário, havia adquirido a convicção de que "essas mentes em nada diferem da nossa do ponto de vista lógico... Portanto, não toleram mais do que nós uma contradição formal... Rejeitam, portanto, assim como nós, por uma espécie de reflexo mental, aquilo que é logicamente impossível".[25]

---

diversidade das culturas, considerando-as estágios de um desenvolvimento único, que, partindo de uma mesma origem, deve fazê-las convergir para o mesmo fim". Um destino à parte é reservado a Mircea Eliade, por ter ousado escrever a seguinte frase: "À sua frente, o europeu agora tem, não mais nativos, mas interlocutores. É bom que saiba como encetar o diálogo; é indispensável reconhecer que não há solução de continuidade entre o mundo primitivo (entre aspas) ou atrasado (idem) e o Ocidente moderno." Por fim, para variar, é um excesso de igualitarismo que é criticado no pensamento americano — tendo afirmado Otto Klineberg, professor de psicologia na Universidade de Columbia: "É um erro capital considerar as outras culturas inferiores à nossa, meramente por serem diferentes."
Decididamente, o Sr. Caillois está em boa companhia.
25. Lévy-Bruhl, Lucien. *Les Carnets de Lucien Lévy-Bruhl*. Paris: Presses Universitaires de France, 1949.

Esforço inútil! O Sr. Caillois considera a correção nula e sem efeito. Para ele, o Lévy-Bruhl genuíno não pode ser outro senão o Lévy-Bruhl do primitivo extravagante.

Restam, claro, alguns fatos miúdos que ainda resistem. Como a invenção da aritmética e da geometria pelos egípcios. Como a descoberta da astronomia pelos assírios. Como a gênese da química entre os árabes. Como o surgimento do racionalismo no seio do Islã, numa época em que o pensamento ocidental tinha uma feição furiosamente pré-lógica. Esses detalhes impertinentes, porém, o Sr. Caillois tratou de logo afugentar, sendo formal o princípio de "que uma descoberta que não se encaixa em um conjunto" não passa de mero detalhe, isto é, uma insignificância irrelevante.

Seria de se imaginar que, começando assim, o Sr. Caillois não se deteria a meio caminho.

Tendo abocanhado a ciência, eis que ele reivindica a moral.

Imaginem só! O Sr. Caillois nunca comeu ninguém! O Sr. Caillois nunca sonhou em liquidar um inválido! Ao Sr. Caillois jamais ocorreu a ideia de abreviar os dias de seus velhos pais! Pois bem, aí está a superioridade do Ocidente: "Essa disciplina de vida que se esforça em assegurar que a pessoa humana seja suficientemente respeitada para que não se considere normal eliminar os anciãos e os inválidos".

Impõe-se a conclusão de que, diante dos antropófagos, dos mutiladores e outros *comprachicos*, a Europa e o Ocidente encarnam o respeito à dignidade humana.

Mas sigamos em frente e apertemos o passo, para que nosso pensamento não vagueie por Argel, pelo Marrocos ou por outras paragens onde, no exato momento em que escrevo isto, tantos valentes filhos do Ocidente, no claro-escuro das masmorras, prodigalizam aos seus irmãos inferiores da África, com infatigável dedicação, essas autênticas marcas de respeito à dignidade humana que recebem, em termos técnicos, nomes como "a banheira", "a eletricidade", "o gargalo da garrafa".

Apertemos o passo: o Sr. Caillois ainda não chegou ao fim do seu rol de realizações. Depois da superioridade científica e da superioridade moral, a superioridade religiosa.

Nesse aspecto, o Sr. Caillois teve o cuidado de não se deixar enganar pelo vão prestígio do Oriente. A Ásia talvez seja mãe dos deuses. Em todo caso, a Europa é senhora dos ritos. E vejam a maravilha: de um lado, fora da Europa, cerimônias do tipo vodu, com tudo o que comportam "de farsa burlesca, frenesi coletivo, alcoolismo desenfreado, exploração grosseira de um fervor ingênuo", e do outro — do lado da Europa —, esses valores autênticos que Chateaubriand já celebrara em *O gênio do cristianismo*:[26] "os dogmas e os mistérios da religião católica, sua liturgia, o simbolismo de suas esculturas e a glória do cantochão".

Por fim, um derradeiro motivo de satisfação.

Gobineau dizia: "Não há história que não seja branca". O Sr. Caillois, por sua vez, constata: "Não há etnografia que não seja branca". É o Ocidente que faz a etnografia dos outros, não os outros que fazem a etnografia do Ocidente.

Magnífica causa de júbilo, não é mesmo?

E nem por um instante vem à mente do Sr. Caillois que, em relação aos museus dos quais ele se gaba, teria sido melhor, levando tudo em conta, não ter tido a necessidade de abri-los; que a Europa teria feito melhor se tivesse tolerado ao seu lado, bem vivas,

---

26. N. da T. Chateaubriand, François-René de. *O gênio do cristianismo*. Tradução de Camilo Castelo Branco. Curitiba: Livraria Danúbio, 2020 (1802).

dinâmicas e prósperas, inteiras e não mutiladas, as civilizações extraeuropeias; que teria sido melhor deixar que se desenvolvessem e se realizassem do que nos permitirmos admirar, devidamente rotulados, seus membros esparsos, seus membros mortos; que, de resto, o museu em si não é nada; que ele não quer dizer nada, que ele não pode dizer nada, onde quer que a presunçosa satisfação consigo mesmo corrompa os olhos, onde quer que o recôndito desprezo pelos outros resseque os corações, onde quer que, confesso ou não, o racismo estanque a compaixão; que ele não quer dizer nada, se for destinado apenas a suprir os deleites do amor-próprio; que, no fim das contas, o honesto contemporâneo de São Luís, que combatia mas respeitava o Islã, tinha melhor chance de conhecê-lo do que os nossos contemporâneos, que, mesmo polidos pela literatura etnográfica, desprezam-no.

Não, na balança do conhecimento, o peso de todos os museus do mundo nunca pesará tanto quanto uma centelha de compaixão humana.

A conclusão de tudo isso?

Sejamos justos; o Sr. Caillois é moderado.

Tendo estabelecido a superioridade do Ocidente em todos os domínios; tendo assim restabelecido uma hierarquia sadia e proveitosa, o Sr. Caillois oferece uma evidência imediata dessa superioridade ao decidir não exterminar ninguém. Com ele, os negros estão a salvo de serem linchados, os judeus de alimentarem novas fogueiras. Mas atenção; é importante que fique bem claro que essa tolerância os negros, judeus e australianos devem, não a seus respectivos méritos, e sim à magnanimidade do Sr. Caillois, não a um *Diktat* da ciência, que só seria capaz de oferecer verdades efêmeras, mas a um decreto da consciência do Sr. Caillois, que só pode ser absoluta; que essa tolerância não é condicionada por nada, garantida por nada, exceto aquilo que o Sr. Caillois deve a si mesmo.

Talvez um dia a ciência ordene que o caminho da humanidade seja desobstruído desses pesos mortos, desses estorvos que representam as culturas atrasadas e os povos retardatários, mas estamos certos de que, no instante fatal, a consciência do Sr. Caillois, que, de consciência tranquila prontamente se converte em consciência limpa, deterá o braço mortífero e pronunciará o *Salvus sis* da absolvição.

O que nos traz à suculenta nota a seguir: "Para mim, a questão da igualdade das raças, dos povos e das culturas apenas faz sentido se consistir em uma igualdade de direito, não de uma igualdade de fato. Da mesma forma, um cego, um mutilado, um enfermo, um idiota, um ignorante, um miserável (não haveria como ser mais gentil que isso em relação aos não ocidentais) não são respectivamente iguais, na acepção material do termo, a um homem forte, perspicaz, completo, saudável, inteligente, culto ou rico. Estes são dotados de maiores capacidades, que, aliás, não lhes conferem mais direitos, apenas mais deveres... No mesmo sentido, existem atualmente, quer sejam as causas biológicas ou históricas, diferenças de nível, de poder e de valor entre as diferentes culturas. Disso decorre uma desigualdade de fato, o que de modo algum justifica uma desigualdade de direitos em favor dos povos ditos superiores, como pretende o racismo. Apenas lhes confere encargos adicionais e uma maior responsabilidade."

Maior responsabilidade? Qual, afinal, senão a de comandar o mundo?

Maior encargo? Qual, afinal, senão o encargo do mundo?

E cabe a Caillois-Atlas se escorar filantropicamente no chão poeirento e voltar a carregar em seus robustos ombros o inexorável fardo do homem branco.

Haverão de me perdoar por ter falado tão longamente do Sr. Caillois. Não é que eu superestime em qualquer medida que seja o valor intrínseco de sua "filosofia" (pode-se ter uma boa ideia da seriedade de um pensamento que, enquanto se arroga o espírito do rigor, entrega-se com tamanha complacência aos preconceitos e chafurda com tanta volúpia no lugar-comum), mas ela merecia ser evidenciada, porque é reveladora.

De quê?

Do fato de que o Ocidente, ao mesmo tempo que mais alardeia a palavra, nunca esteve mais distante de ser capaz de arcar com as exigências de um verdadeiro humanismo, de ser capaz de vivenciar o verdadeiro humanismo — o humanismo à altura do mundo.

6

Dos valores outrora inventados pela burguesia e que ela lançou mundo afora, um é o do *homem* e do humanismo — e vimos o que se tornou —, outro é o da nação.

É um fato: a *nação* é um fenômeno burguês...

Mas, justamente, se desvio o olhar do homem para observar as nações, constato que aqui também o perigo é grande; que o empreendimento colonial é, no mundo moderno, aquilo que o imperialismo romano fora no mundo antigo: precursor do *Desastre* e arauto da *Catástrofe*. Mas o quê? Os índios massacrados, o mundo muçulmano exaurido de si mesmo, o mundo chinês contaminado e desvirtuado por todo um século; o mundo negro desqualificado; vozes prodigiosas para sempre extintas; lares dispersos ao vento; todo esse estrago, toda essa dilapidação, a humanidade reduzida ao monólogo, e creem que isso tudo não tem seu preço? A verdade é que nessa política *está inscrita a ruína da própria Europa*, e a Europa, se não tomar cuidado, padecerá do vácuo que gerou ao seu redor.

Acreditavam abater apenas índios, hindus, oceânicos ou africanos. Na verdade, eram derrubadas, uma após a outra, as muralhas no interior das quais a civilização europeia podia se desenvolver livremente.

Sei o quanto há de falacioso nos paralelos históricos, particularmente neste que proporei. Permitam-me, contudo, reproduzir aqui uma página de [Edgar] Quinet, pela parcela significativa de verdade que contém e que merece ser contemplada.

Aqui está:

"Pergunta-se por que a barbárie irrompeu repentinamente na civilização antiga. Acredito poder responder. É espantoso que uma causa tão simples não salte aos olhos de todos. O sistema da civilização antiga era composto por um determinado conjunto de nacionalidades, de pátrias, que, por mais que parecessem ser inimigas ou por mais que se ignorassem, protegiam-se, apoiavam-se, defendiam-se umas às outras. Quando o império romano, ao se expandir, empreendeu a conquista e a destruição desses corpos de nações, os sofistas deslumbrados acreditaram ver, no fim desse caminho, a humanidade triunfante no seio de Roma. Falou-se da unidade do espírito humano; não passou de um sonho. Acontece que essas nacionalidades eram ao mesmo tempo baluartes que protegiam a própria Roma... Quando Roma, então, nessa pretensa marcha triunfal rumo à civilização única, destruiu uma após a outra Cartago, o Egito, a Grécia, a Judeia, a Pérsia, a Dácia, a Gália, resultou que ela mesma havia devorado os diques que a protegiam contra o oceano humano sob o qual acabaria por perecer. O magnânimo César, ao arrasar a Gália, o que fez foi abrir caminho para os germanos. Tantas sociedades, tantas línguas extintas, cidades, direitos, lares aniquilados, geraram o vácuo ao redor de Roma, e ali aonde os bárbaros não chegavam, a barbárie brotava por si só. Os gauleses arruinados se transformaram em bagaudas. Assim, a violenta queda, a progressiva extirpação das cidades independentes provocou o desmoronamento da civilização antiga. Esse edifício social era sustentado pelas nacionalidades como se fossem diferentes colunas de mármore ou pórfiro.

Quando foi destruída, sob os aplausos dos sábios da época, cada uma dessas colunas vivas, o edifício veio abaixo, e os sábios do nosso tempo ainda se perguntam como foi possível produzir, de um momento a outro, ruínas tão vastas!"

E então eu pergunto: o que ela, a Europa burguesa, fez de diferente? Solapou as civilizações, destruiu as pátrias, arruinou as nacionalidades, extirpou "a raiz da diversidade". Não há mais diques. Não há mais baluartes. Chegou a hora do bárbaro. Do bárbaro moderno. A hora americana. Violência, excesso, dilapidação, mercantilismo, blefe, conformismo, a estupidez, a vulgaridade, a desordem.

Em 1913, [Walter Hines] Page escreveu a [Woodrow] Wilson:

"O futuro do mundo pertence a nós. O que faremos quando, em breve, a dominação do mundo cair em nossas mãos?"

E em 1914: "O que faremos com essa Inglaterra e com esse Império quando, dentro de pouco tempo, as forças econômicas tiverem colocado em nossas mãos a condução da raça?"

Esse Império... E os outros...

E, de fato, vocês acaso não veem a ostentação com que esses senhores vêm empunhando o estandarte do anticolonialismo?

"Ajuda aos países carentes", diz Truman. "O tempo do velho colonialismo já passou." É ainda Truman que fala.

O que se deve ouvir é que a alta finança americana considera que chegou a hora de arrebatar todas as colônias do mundo. Então, meus queridos amigos do lado de cá, atenção!

Sei que muitos de vocês, enojados com a Europa, com a enorme sordidez que foram obrigados a testemunhar, voltam-se — bem sei que em pequeno número — para a América, e se habituam a ver nela uma possível libertadora.

"Que golpe de sorte!" pensam eles.

"Os buldôzeres! Os investimentos massivos de capital! As estradas! Os portos!

— Mas e o racismo americano?

— E daí? O racismo europeu nas colônias nos deixou fortalecidos!"

E eis-nos dispostos a correr o grande risco ianque.

Então, uma vez mais, atenção.

A americana é a única dominação da qual não se escapa. Quer dizer, da qual não se escapa totalmente ileso.

E já que vocês falam de usinas e indústrias, vocês não veem, histérica, em pleno coração das nossas florestas e matas, cuspindo suas faíscas, a formidável usina, mas de lacaios; a prodigiosa mecanização, mas do ser humano; o gigantesco estupro daquilo que a nossa humanidade de espoliados ainda conseguiu preservar de íntimo, de intacto, de impoluto; a máquina, sim, a máquina jamais vista, mas de esmagar, de moer e de embrutecer os povos?

De modo que o perigo é imenso...

De modo que, se a Europa Ocidental não tomar por conta própria — na África, na Oceania, em Madagascar (isto é, às portas da África do Sul), no Caribe (isto é, às portas dos Estados Unidos) — a iniciativa de uma política das nacionalidades, a iniciativa de uma nova política baseada no respeito aos povos e às culturas; o que estou dizendo? Se a Europa não galvanizar as culturas moribundas ou não suscitar culturas novas; se ela não se tornar despertadora de pátrias e civilizações — isso sem levar em conta a admirável resistência dos povos coloniais, representada atualmente, de forma fulgurante, pelo Vietnã, mas também pela África do RDA[27] —, a Europa roubará de si mesma a sua última

---

27. N. da T. *Rassemblement démocratique africain*, federação de partidos panafricanistas e independentistas fundada em 1946 e dissolvida em 1960.

chance e, com suas próprias mãos, envolverá a si mesma em sua mortalha.

O que, fundamentalmente, implica dizer que a salvação da Europa exige, não uma revolução nos métodos, mas a Revolução: aquela que, enquanto almeja uma sociedade sem classes, substituirá a estreita tirania de uma burguesia desumanizada pela preponderância da única classe ainda investida de uma missão universal, pois sofre na carne todos os males da história, todos os males universais: o proletariado.

Discurso sobre a negritude

Meus queridos amigos, senhoras e senhores.

Vocês decidiram incluir nas atividades desta sua conferência isto que chamam de homenagem a Aimé Césaire.

Eu seria incapaz de dizer o quanto me sinto confuso e, ao mesmo tempo, o quanto lhes sou grato por esta honra.

Quero agradecer aos distintos oradores por todos os comentários gentis e afáveis que teceram sobre meu trabalho como escritor e, ao mesmo tempo, como político. Mas, se finalmente aceito esta homenagem, e é com gratidão que o faço, é acima de tudo porque entendi que ela vai muito além de mim e que, por meu intermédio, os homenageados são amigos os mais diversos, companheiros de luta, todo um país caribenho também, e quiçá mais ainda, toda uma escola de pensamento militante, toda uma escola de escritores, poetas e ensaístas que, por mais de 40 anos, assumiram como tema de seus trabalhos, eu diria até como objeto de sua obsessão, uma reflexão sobre o destino do homem negro no mundo moderno, o que é amplamente demonstrado pela presença entre nós de escritores que, além de brilhantes, são também afro-americanos.

Entrando no tema desta conferência, espero não ofender ninguém ao dizer que admito nem sempre ter gostado do termo negritude, embora tenha sido eu, com a cumplicidade de alguns outros, que ajudei a criá-lo e a promovê-lo. Mas mesmo que eu não o idolatre, ver vocês todos aqui reunidos, vindos de tantos países diferentes, é para mim uma prova de que ele corresponde a uma realidade patente e, em última instância, a uma necessidade que acreditamos ser profunda.

Que realidade é essa?

Uma realidade étnica, dirão.

Certamente, tendo em vista que o termo etnicidade foi empregado em conexão com esta conferência. Mas o termo não nos deve desviar do assunto. De fato, a negritude não é fundamentalmente de ordem biológica. É evidente que, muito além do biológico imediato, refere-se a algo mais profundo, mais precisamente a uma soma de experiências vividas que acabaram por definir e caracterizar uma das formas do destino humano tal como a história o moldou: é uma das formas históricas da condição imposta ao ser humano.

Na verdade, basta se perguntar a respeito do denominador comum que congrega, aqui em Miami, os participantes desta conferência para perceber que o que têm em comum não é necessariamente uma cor de pele, mas o fato de que se vinculam, de uma forma ou de outra, a grupos humanos que foram submetidos às piores violências da história, grupos que sofreram e não raro ainda sofrem por serem marginalizados e oprimidos.

Ainda me recordo do meu espanto quando, na primeira vez que fui ao Quebec, vi na vitrine de uma livraria um livro cujo título me pareceu desconcertante à época. O título era: *Nós, os negros brancos da América*.[1] Naturalmente, achei graça do exage-

---

1. N. da T. No original, *Nous autres nègres blancs d'Amérique*. A referência é à obra de Pierre Vallières, *Nègres blancs d'Amérique*. Montreal: Parti pris, 1968. O autor e sua obra são considerados referências seminais do movimento independentista quebequense.

ro, mas pensei comigo mesmo: "Ora, por mais que exagere, esse autor pelo menos entendeu a negritude."

Sim, nós constituímos uma comunidade, mas uma comunidade de um tipo muito específico, reconhecível por ser, por ter sido, por ter se constituído em comunidade, antes de mais nada, de opressão sofrida, de exclusão imposta, de discriminação profunda. É óbvio que também — e isso é mérito dela — em comunidade de resistência incessante, de obstinada luta pela liberdade e de indômita esperança.

A bem da verdade, foi tudo isso que, aos nossos olhos de jovens estudantes (na época, Léopold Senghor, Léon Damas, eu, e mais tarde Alioune Diop e nossos companheiros da Présence Africaine), foi tudo isso que envolveu e que ainda envolve, aos olhos dos sobreviventes daquele grupo, o termo por vezes depreciado, por vezes abusado, e de qualquer forma um termo de emprego e manejo difíceis: o termo negritude.

A negritude, a meu ver, não é uma filosofia.

A negritude não é uma metafísica.

A negritude não é uma concepção pretensiosa do universo.

É uma maneira de viver a história na história; a história de uma comunidade cuja experiência se revela — verdade seja dita — singular, com suas deportações populacionais, suas transferências de pessoas de um continente a outro, suas memórias de crenças distantes, seus escombros de culturas assassinadas.

Como não acreditar que tudo o que preserva sua coerência constitui um legado?

Será preciso mais do que isso para firmar uma identidade?

Não me importam os cromossomos. Mas eu creio nos arquétipos.

Creio no valor de tudo o que ficou enterrado na memória coletiva e até mesmo no inconsciente coletivo de nossos povos.

Não creio que se chegue ao mundo de cérebro vazio da mesma forma como se chega de mãos vazias.

Creio na virtude modeladora das experiências seculares acumuladas e da vivência transmitida pelas culturas.

Diga-se de passagem, eu pessoalmente nunca consegui me acostumar com a ideia de que milhares de pessoas africanas que o tráfico negreiro outrora trouxe às Américas não teriam tido nenhuma importância além daquela que pudesse ser medida por sua força animal — uma força animal análoga e não necessariamente superior à do cavalo ou do boi — e que não teriam impregnado as civilizações nascentes com uma série de valores fundamentais de que essas novas sociedades passariam a estar potencialmente imbuídas.

Isso equivale a dizer que, antes de mais nada, a negritude pode ser definida em primeira linha como conscientização da diferença, como memória, como fidelidade e como solidariedade.

Mas a negritude não é apenas passiva.

Ela não é da ordem do sofrer e do sujeitar-se.

Não é nem comiseração nem lamúria.

A negritude resulta de uma postura ativa e ofensiva do espírito.

É um despertar, e um despertar da dignidade.

É um rechaço, e um rechaço da opressão.

É um combate, e um combate contra a desigualdade.

É também revolta. Mas, perguntarão, revolta contra o quê? Não me esqueço de que estamos aqui numa conferência cultural, que foi aqui em Miami que optei por dizer isso. Creio que se pode dizer, de maneira geral, que, historicamente, a negritude foi uma forma de revolta primeiramente contra o sistema mundial da cultura, tal como se havia constituído ao longo dos últimos séculos e que se caracterizava por uma série de preconceitos e de pressupostos que resultavam numa hierarquia ferrenha. Em outras palavras, a negritude foi uma revolta contra aquilo que eu chamaria de reducionismo europeu.

Quero falar desse sistema de pensamento, ou melhor, da tendência instintiva de uma civilização eminente e prestigiosa a abusar de seu prestígio a ponto de produzir um vácuo à sua volta, reduzindo abusivamente às suas próprias dimensões a noção de universal, tão cara a Léopold Sédar Senghor, ou, em outras palavras, a conceber o universal a partir de seus postulados e por meio de suas próprias categorias. É possível ver, e têm-se visto abundantemente, as consequências disso: apartar o ser humano de si mesmo, apartar o ser humano de suas raízes, apartar o ser humano do universo, apartar o ser humano do ser humano e isolá-lo em definitivo num orgulho suicida, para não dizer numa forma racional e científica da barbárie.

Mas, dirão vocês, uma revolta que é apenas revolta não leva a nada além de um impasse histórico. Se a negritude não foi um impasse, é porque levava a outra parte. Onde nos levava? Levava-nos a nós mesmos. E, de fato, era, após uma longa frustração, a apreensão de nosso passado por nós mesmos e, por meio da poesia, por meio do imaginário, por meio do romance, por meio das obras de arte, o intermitente lampejo do nosso possível devir.

Oscilação dos conceitos, terremoto cultural, todas as metáforas do isolamento são aplicáveis neste caso. Mas o crucial é que com ela se havia iniciado um esforço de reabilitação dos nossos valores por nós mesmos, de aprofundamento do nosso passado por nós mesmos, de reenraizamento de nós mesmos numa história, numa geografia e numa cultura, traduzindo-se o todo não por um passadismo arcaizante, mas por uma reativação do passado visando a sua própria superação.

Trata-se de literatura?, perguntarão.
Especulação intelectual?
Sem dúvida alguma. Mas nem a literatura nem a especulação intelectual são inocentes ou inofensivas.
E, com efeito, quando penso nas independências africanas dos anos 1960, quando penso nesse ato de fé e de esperança que, na época, convulsionou todo um continente, é verdade que penso na negritude, pois considero que a negritude desempenhou seu papel, e um papel possivelmente crucial, visto que foi um papel de fermento ou de catalisador.
Essa reconquista da África, em si mesma, não foi nada fácil, o exercício dessa independência recém-adquirida acarretou inúmeras adversidades e, com frequência, desilusões, e seria preciso uma ignorância deliberada da história da humanidade, da história da emergência das nações na própria Europa, em pleno século XIX, na Europa e em outros continentes também, para não compreender que também a África tinha inexoravelmente que pagar seu tributo no momento da grande transformação.
Mas não é isso o fundamental. O fundamental é que a África virou a página do colonialismo e que, ao virá-la, contribuiu para inaugurar uma nova era para a humanidade inteira.

Nem menos extraordinário nem menos significativo é o fenômeno americano, por mais que aqui se trate de um caso de colonialismo interior e de revolução silenciosa (a revolução silenciosa é a melhor forma de revolução). De fato, quando vejo os incríveis progressos obtidos no período mais recente por nossos irmãos afro-americanos, quando vejo o número de cidades grandes dos Estados Unidos que são administradas por prefeitos que são negros; quando vejo por toda parte, nas escolas, nas universidades, o número sempre crescente de jovens e adultos negros; quando vejo esse impressionante progresso — para empregar a expressão americana: *advancement of colored people* —, não consigo deixar de pensar na ação realizada neste país por Martin Luther King, Jr., herói nacional de todos vocês, a quem merecidamente a nação americana consagrou uma data comemorativa.

Nesta conferência cultural, contudo, acrescento que penso também em outros, em particular nesta plêiade, já distante, de escritores, ensaístas, romancistas e poetas — que nos influenciaram a Senghor e a mim — que, após a Primeira Guerra Mundial, formaram aquilo que foi chamado de Renascença Negra: a Black Renaissance.

Figuras como Langston Hughes, Claude McKay, Countee Cullen, Sterling Brown, aos quais se juntaram outros, como Richard Wright, entre tantos outros... Pois, pelo que sabemos, ou melhor, pelo que recordamos, foi aqui nos Estados Unidos, entre vocês, que nasceu a negritude. A primeira negritude foi a negritude americana. Temos em relação a essas figuras uma dívida de gratidão que é preciso assinalar e que é preciso proclamar.

O que concluir de tudo isso, senão que, para toda grande reacomodação política, para toda grande recalibragem de uma sociedade, para toda renovação dos costumes, sempre existe um prerrequisito, que é o prerrequisito cultural?

Mas, em meio a tudo isso, perguntarão qual o lugar da célebre noção de etnicidade que vocês tão bem destacaram na exposição de motivos desta conferência e a respeito da qual vocês nos convidam a refletir?

Eu diria que de bom grado a substituiria por outro termo que é praticamente seu sinônimo, mas livre das conotações inevitavelmente desagradáveis, por conta de sua equivocidade, que o termo etnicidade carrega.

Portanto, eu não diria etnicidade, e sim identidade, que designa precisamente aquilo que designa: aquilo que é fundamental, aquilo sobre o qual tudo o mais é construído e pode ser construído: o núcleo duro e irredutível; aquilo que confere a uma pessoa, a uma cultura, a uma civilização sua marca própria, seu estilo e sua irredutível singularidade.

Pois bem, aqui estamos de volta. De fato, e como já falei de um prerrequisito cultural, indispensável a todo despertar político e social, devo dizer que mesmo esse prerrequisito cultural, mesmo essa explosão cultural geradora de tudo o mais, possui um ponto de partida; ela tem seu próprio prerrequisito, que nada mais é do que a explosão de uma identidade há muito contrariada, quiçá negada, e finalmente liberta, e que ao se libertar se afirma, a fim de obter reconhecimento.

A negritude foi tudo isto: busca de nossa identidade, afirmação de nosso direito à diferença, intimação feita a todos para o reconhecimento desse direito e para o respeito à nossa personalidade comunitária.

Bem sei que essa noção de identidade atualmente é contestada ou combatida por alguns que fingem ver em nossa obsessão identitária uma espécie de autocomplacência aniquiladora e paralisante.

Eu pessoalmente não acredito nisso.

Penso em uma identidade que não seja arcaizante, devoradora de si mesma, e sim devoradora do mundo, isto é, que se apodera de todo o presente para melhor reavaliar o passado e, acima de tudo, para preparar o futuro. Pois, afinal, como mensurar o caminho percorrido se não se sabe de onde se vem nem aonde se quer ir? É preciso ter isso em mente. Combatemos arduamente, Senghor e eu, contra a desculturação e contra a aculturação. Pois bem, digo que dar as costas à identidade significa sermos levados justamente a isso, e significa entregar-se sem defesa a um termo que ainda preserva o seu sentido; significa entregar-se à alienação.

Podemos renunciar ao patrimônio.

Podemos, obviamente, renunciar à herança.

Mas temos o direito de renunciar à luta?

Vejo que de tempos em tempos há quem questione a negritude. Mas, na verdade, a questão hoje não é a negritude. A questão é o racismo; é a recrudescência do racismo no mundo inteiro; são as fogueiras do racismo que, aqui e ali, voltam a se acender. São especialmente as grandes labaredas da África do Sul e do apartheid. É aí que está a questão. É isso que deve nos preocupar.

Será este, portanto, o momento de baixarmos a guarda e de nos desarmarmos a nós mesmos?

Para nós, o momento atual efetivamente é de enorme gravidade, pois uma questão se impõe a cada um de nós, e se impõe pessoalmente: ou nos livramos do passado como se fosse um fardo incômodo e desagradável que só atrapalha a nossa evolução, ou o assumimos destemidamente e dele fazemos um ponto de apoio para seguir adiante em nossa caminhada.

É preciso optar.

É preciso escolher.

É essa a escolha que faz desta conferência — como disse recentemente meu querido amigo, o Dr. [Pierre] Aliker, a quem presto aqui a minha homenagem e que fez questão de me acompanhar a Miami —, é essa a escolha que faz com que esta conferência tenha um sentido, é essa a escolha que faz com que esta conferência faça sentido.

Para nós, a escolha está feita.

Somos daqueles que se recusam a esquecer.

Somos daqueles que chegam a converter em método a recusa da amnésia.

Não se trata de integrismo, nem de fundamentalismo, muito menos de pueril umbiguismo.

Somos simplesmente partidários da dignidade e partidários da fidelidade. Por isso eu diria: propagação sim; extirpação não.

Bem vejo que alguns, obcecados pelo nobre ideal universalista, sentem repulsa por algo que lhes possa assomar, se não como uma prisão ou um gueto, pelo menos como uma limitação.

Eu pessoalmente não tenho essa concepção encarcerante da identidade.

O universal, sim. Mas há muito que Hegel nos mostrou o caminho até lá: o universal, certamente, mas não por negação, e sim como aprofundamento da nossa própria singularidade.

Manter o foco na identidade — eu lhes asseguro — não significa dar as costas para o mundo, nem se apartar do mundo, nem se esquivar do futuro, nem se atolar numa espécie de solipsismo comunitário ou no ressentimento.

Nosso empenho só faz sentido se consistir num reenraizamento, sem dúvida, mas também num desabrochar, numa superação e na conquista de uma nova e mais ampla fraternidade.

* Pronunciamento de Aimé Césaire, em 26 de fevereiro de 1987, por ocasião da Primeira Conferência Hemisférica dos Povos Negros na Diáspora (Homenagem a Aimé Césaire), com o tema "Negritude, Etnicidade e Culturas Afro nas Américas", realizada de 26 a 28 de fevereiro de 1987 na Florida International University (FIU), Campus de Tamiami.

Os anais do colóquio foram publicados em Moore, Carlos; Saunders, Tanya R. e Moore, Shawna (org.). *African Presence in the Americas*. Trenton: African World Press, 1995. Dos 52 expositores presentes à conferência, os anais arrolaram 25 perfis e apresentações, com títulos em francês e inglês:

Maya Angelou (EUA)
Escritora, professora de literatura e poeta
"Ensemble"
"Together"
[Juntos]

Justo Arroyo (Panamá)
Poeta, professor de literatura, crítico literário, ensaísta, ex-Diretor de Assuntos Culturais do Panamá e ex-embaixador
"Les relations raciales au Panama"
"Race relations in Panama"
[Relações raciais no Panamá]

Roy Guevara Arzu (Honduras)
Economista, conselheiro do Ministério do Planejamento Econômico de Honduras. Em 1987, era presidente da Fraternidade Nacional Negra de Honduras
"Les Garifunas au Honduras"

"The Garifunas in Honduras"
[Os garifunas em Honduras]

Antonio Preciado Bedoya (Equador)
Professor e poeta influenciado pelos escritores do movimento da negritude dos anos 1930 e 1940
"La Vie des noirs en Equateur"
"The Life of Blacks in Ecuador"
[A vida dos negros no Equador]

Iva E. Carruthers (EUA)
Socióloga, professora e ex-diretora do Departamento de Sociologia da Universidade do Nordeste em Illinois
"L'album familial d'une grande assemblée" / "L'évolution du racisme au 21ème siècle"
"Family Album of a Grand Sitting" / "The Evolution of Racism into the 21st Century"
[O álbum de família de uma Grande Assembleia / A evolução do racismo rumo ao século XXI]

Bassette Cayasso (Nicarágua)
Médica
"Les afro-nicaraguayens avant et après la révolution sandiniste"
"Afro-Nicaraguans Before and After the Sandinista Revolution"
[Os afro-nicaraguenses antes e depois da Revolução Sandinista]

Aimé Césaire (Martinica)
Escritor (poeta e dramaturgo) mundialmente reconhecido. Como político, no momento da conferência, era prefeito de Fort-de-France e deputado da Assembleia Nacional da França

"Discours sur la Négritude"
"Discourse on Negritude"
[Discurso sobre a negritude]

John Henrik Clarke (EUA)
Historiador e professor emérito
"Les réponses afro-culturelles à l'esclavage et à l'oppression aux Amériques"
"African Cultural Responses to Slavery and Oppression in the Americas"
[Reações afroculturais à escravidão e à opressão nas Américas]

Jean Crusol (Martinica)
Economista, professor da Universidade das Antilhas e da Guiana e Conselheiro Regional da Martinica
"Les entreprises noires aux Antilles françaises"
"Black Business in the French West Indies"
[As empresas negras na Antilhas Francesas]

Quince Duncan (Costa Rica)
Escritor e professor de literatura na Universidade de Heredia na Costa Rica
"La question raciale au Costa Rica"
"The Race Question in Costa Rica"
[A questão racial na Costa Rica]

Mari Evans (EUA)
Poeta, dramaturga e crítica literária
"Les Pratiques de l'éducation des enfants et leur relation au chaos et changement au sein de la famille africaine-américane"

"The Relationship of Childrearing Practices to Chaos and Change in the African American Family"
[A relação das práticas de educação infantil ao caos e à mudança na família afro-americana]

Lélia Gonzales (Brasil)
Socióloga e professora
"La femme noire au Brésil"
"The Black Woman in Brazil"
[A mulher negra no Brasil]

J. Edward Greene (Guiana)
Cientista político, pró-reitor da Universidade das Índias Ocidentais e diretor de seu Instituto de Pesquisa Social e Econômica
"Vers une économie politique de la Négritude"
"Towards a Political Economy of Negritude"
[Para uma economia política da negritude]

Ruth Simms Hamilton (EUA)
Socióloga e professora da Universidade de Michigan
"La conceptualisation de la diaspora africaine"
"Conceptualizing the African Diaspora"
[A conceitualização da diáspora africana]

José Carlos Luciano Huapaya (Peru)
Sociólogo e cofundador do Centro de Estudos Afro-Peruanos
"La présence africaine au Pérou"
"The African Presence in Peru"
[A presença africana no Peru]

Richard Long (EUA)
Escritor e professor de literatura na Universidade Emory
"Aimé Césaire: les interfaces entre le passé et le présent"
"Aimé Césaire: Interfaces with the Past and the Present"
[Aimé Césaire: interfaces entre o passado e o presente]

Ali A. Mazrui (Quênia)
Cientista político, professor na Universidade de Michigan
"Le monde africain em changement constant: la dialectique de la diversité dans le monde noir"
"Global Africa in Flux: The Dialectic of Diversity in the Black World"
[A África global em constante transformação: a dialética da diversidade no mundo negro]

Carlos Moore (Cuba)
Etnólogo político e professor
"Les afro-cubains et la révolution communiste"
"Afro-Cubans and the Communist Revolution"
[Os afro-cubanos e a revolução comunista]

Abdias do Nascimento (Brasil)
Escritor, dramaturgo, ensaísta, pintor, cofundador do Congresso das Culturas Negras nas Américas e deputado federal do Brasil
"L'expérience africaine au Brésil"
"The African Experience in Brazil"
[A experiência africana no Brasil]

Rex Nettleford (Jamaica)
Escritor, ensaísta, historiador cultural, crítico literário e social, coreógrafo e pró-reitor da Universidade das Índias Ocidentais

"Les esthétiques de la Négritude: une métaphore pour la libération"
"The Aesthetics of Negritude: A Metaphor for Liberation"
[A estética da negritude: uma metáfora para a libertação]

Manuel Zapata Olivella (Colômbia)
Médico, escritor e ensaísta
"Le rôle des intellectuels noirs dans la construction de l'unité des peuples noirs"
"The Role of Black Intellectuals in Forging Black Unity"
[O papel dos intelectuais negros na construção da unidade dos povos negros]

Léopold Sédar Senghor (Senegal)
Escritor, membro da Academia Francesa e ex-presidente do Senegal
"Négritude et la civilisation de l'Universel"
"Negritude and the Civilization of the Universal"
[A negritude e a civilização do Universal]

Adrienne Shadd (Canadá)
Historiadora
"L'Histoire des femmes noires au Canada"
"A History of Black Women in Canada"
[Uma história das mulheres negras no Canadá]

Bettye J. Parker Smith (EUA)
Escritora, professora, vice-reitora do Tougaloo College no Mississippi
"La saga continue des femmes noires aux États-Unis"
"The Continuing Saga of Black Women in America"
[A contínua saga das mulheres negras na América]

Francina Thomas (EUA)
Escritora e relações-públicas
"Epilogue — 'La conférence de la Négritude': un bilan personnel de son impact des années plus tard"
"Epilogue — 'The Negritude Conference': A Personal Assessment of its Impact Years Later"
[Epílogo — A Conferência da Negritude: um balanço pessoal de seu impacto anos depois]

A tragédia do rei Christophe
Discurso sobre o colonialismo
Discurso sobre a negritude
Tradução Sebastião Nascimento

A partir dos originais:

Discours sur le colonialisme. 4ª edição. Paris: Présence africaine, 1955 [Versões anteriores em língua portuguesa: *Discurso sobre o colonialismo*. Tradução de Anísio Garcez Homem. Florianópolis: Letras Contemporâneas, 2020; *Discurso sobre o colonialismo*. Tradução de Claudio Willer. São Paulo: Vendeta, 2020].

Le discours sur la Négritude, Miami 1987 / Discourse on Negritude, Miami 1987. Édition du Conseil Général de la Martinique (Bureau de la communication et des relations avec la presse): Fort de France, 2003 [*Discurso sobre a Negritude*. Tradução de Ana Maria Gini Madeira. Belo Horizonte: Nandyala, 2010].

La Tragédie du roi Christophe. Présence africaine: Paris, 1963 [*A tragédia do rei Christophe*. Tradução e notas de Sebastião Nascimento. Curitiba: huya, 2016]. O texto em que se baseia esta tradução é o da reedição publicada em 1970 e inteiramente revista pelo autor.

Esta tradução de *A tragédia do rei Christophe*, publicada originalmente em português em 2016 pela editora huya, como parte da coleção Avakuaaty, do Programa de Pós-graduação em Antropologia Social da Universidade Estadual de Campinas (PPGAS--Unicamp), e com o apoio da Companhia Teatro de Narradores, foi revista pelo tradutor para esta nova edição.

Agradecimentos a Omar Ribeiro Thomaz e José Fernando Peixoto de Azevedo, por viabilizarem ambas as edições, e a Jean-Philippe Belleau, Normélia Parise e Rodrigo Charafeddine Bulamah pelos inestimáveis comentários e sugestões.

Sobre os livros da Encruzilhada

Se a encruzilhada no Ocidente reaparece como uma imagem, metáfora do impasse em seu instante decisório, quando não reduzida a cruz, tantas vezes tomada como condenação e condição de uma transcendência redentora, para o pensamento que nos interessa, a encruzilhada é uma instauração, é chave para a compreensão das experiências diaspóricas, na emergência de temporalidades e lugares forjados no trânsito de corpos e tradições. Do sequestro e tráfico de gente, do holocausto naturalizado desde o porão de navios e o cemitério atlântico até o campo aberto da plantação, emerge o aprendizado sobre um passado que *passou e não passou*, dando à noção de justiça o sentido próprio de uma escuta que se faz trabalho presente. Encruzilhada então resulta de uma confluência de conhecimentos, comportando o desafio e a viravolta, saberes e sua reinvenção — mapa de caminhos já transitados e ainda transitáveis, gesto de uma cena que é escolha e instância de uma ação prevista, mas não precipitada, em constante tradução. A convivência de fusos históricos — que a modernidade europeia tenta dissimular — faz supor o planeta como sendo um complexo de mundos e seus modos de vida.

A ideia de um fim de mundo, tão cara aos mundos que aprenderam a se reinventar, quando capturada pela lógica destrutiva do capitalismo e seu fetiche de um apocalipse final, acaba por impor a fraseologia acerca de um planeta que se confundiria com *esse* mundo. Aqui a pergunta não pode ser outra: o que acontece quando nos deparamos com o *fim deste mundo como o conhecemos*? Um livro, na sua singularidade, certamente não poderá responder a essa pergunta, mas, nos desvios que ensaia, talvez nos permita habitar a encruzilhada que aprendemos a nomear como presente, e, com isso, vislumbrar outras formas de conhecer. Na luta antissistema, trata-se de compreender o que ainda se pode imaginar *junto*. Aos sujeitos que conformam esse junto, talvez reste o trabalho de imaginar modos de fazer do capitalismo uma cidade fantasma. O antirracismo, os feminismos, o anticolonialismo, e reconfigurações imprevistas de classes em guerra, momentos de uma teoria crítica em movimento e outras formas da negação pautam nosso encontro. Sim, porque uma coleção de livros, na mobilização de ideias e interrogações, autoras e autores, leitoras e leitores, é também a ocasião para encontros — quem sabe — perigosos: riscos, como aqueles de um ponto riscado, mapa que nos leva a lugares que ainda não são, a partir dessa encruzilhada em que nos posicionamos, reconhecemos e saltamos.

JOSÉ FERNANDO PEIXOTO DE AZEVEDO
Coordenador da coleção

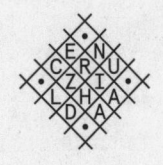

Não vão nos matar agora
Jota Mombaça

Performances do tempo espiralar, poéticas do corpo-tela
Leda Maria Martins

Textos escolhidos: A tragédia do rei Christophe; Discurso sobre o colonialismo; Discurso sobre a negritude
Aimé Césaire

Adinkra: Sabedoria em símbolos africanos
Elisa Larkin Nascimento e Luiz Carlos Gá (orgs.)

Homo Modernus
Denise Ferreira da Silva

CIP-Brasil. Catalogação n-a Publicação
Sindicato Nacional dos Editores de Livros, RJ

C413a

Césaire, Aimé, 1913-2008. Aimé Césaire / textos escolhidos: a tragédia do rei Christophe ; discurso sobre o colonialismo ; discurso sobre a negritude. / Aimé Césaire ; organização José Fernando Peixoto de Azevedo ; tradução Sebastião Nascimento.
- 1. ed. - Rio de Janeiro : Cobogó, 2022.

240 p. ; 21 cm. (Encruzilhada)

Tradução de: La tragédie du Roi Christophe; discours sur le colonialisme; discours sur la négritude

ISBN 978-65-5691-071-0

1. Césaire, Aimé, 1913-2008. - Crítica e interpretação. 2. Ensaios literários. 3. Teatro francês. I. Azevedo, José Fernando Peixoto de. II. Nascimento, Sebastião. III. Título. IV. Série.

22-78064   CDD: 842
           CDU: 82-2(44)

© Editora de Livros Cobogó, 2022

Discours sur le colonialisme, © Présence Africaine, 1955
Discours sur la Négritude, © Présence Africaine, 2000
La Tragédie du Roi Christophe, © Présence Africaine, 1963
TODOS OS DIREITOS RESERVADOS

Coordenador da coleção
José Fernando Peixoto de Azevedo

Editora-chefe
Isabel Diegues

Edição
Aïcha Barat

Gerente de produção
Melina Bial

Tradução
Sebastião Nascimento

Tradução do texto de apresentação pp. 9-18
Julia Sobral Campos

Revisão final
Débora Donadel

Projeto gráfico e diagramação
Mari Taboada

Capa
Thiago Lacaz

Nenhuma parte desta obra pode ser reproduzida, adaptada, encenada, registrada em imagem e/ou som, ou transmitida de nenhuma forma ou por nenhum meio sem a permissão expressa e por escrito da Editora Cobogó.

Todos os direitos em língua portuguesa reservados à
Editora de Livros Cobogó Ltda.
Rua Gen. Dionísio, 53, Humaitá
Rio de Janeiro — RJ — Brasil — 22271-050
www.cobogo.com.br

2022
———————
1ª impressão

Este livro foi composto em Calluna e Apercu Pro.
Impresso pela BMF Gráfica,
sobre papel Pólen Soft LD 70g/m².